FKB
平山夢明監修

怪談五色
死相

平山夢明
我妻俊樹
岩井志麻子
小田イ輔
福澤徹三

竹書房文庫

目次

我妻俊樹

福澤徹三

岩井志麻子

平山夢明

小田イ輔

おだ　いすけ

小田イ輔（おだ・いすけ）
宮城県生まれ。怪談好きが高じて、職を転々としつつ東北地方を彷徨ってはその土地の怪談蒐集に勤しんでいた。２０１３年『怪談実話ＦＫＢ饗宴５』（共著）で実話怪談の書き手としてデビュー。単著は『奇の穴』『呪の穴』（ＦＫＢ怪幽録シリーズ）、『呪怪談』『忌怪談』『邪怪談』『憑怪談』（実話コレクションシリーズ）など。

順番待ち？

Nさんは幼い頃から不思議なものを見てきた。

「といっても見ようと思って見られるものではなくってさ、何かのはずみで変なモノが『目に入っちゃう』っていう感じ。平べったい犬とか空飛ぶカカシとか、まぁ、それが見えたから何だよっていうようなモノがほとんどかな」

そんな彼女が、今でも気になっている「妙なモノたち」がいる。

「高校の時の同級生で、Lちゃんっていうすごい美人がいるのね。明るくて性格も良くって、勉強も運動も人並み以上にできちゃう、それでいて全然嫌みもなくっていう。男子にも女子にも好かれるタイプで」

どちらかと言えば陰気なグループに属していたNさんに対しても気さくに話しかけてくれ、困りごとの際に助けてもらったこともあったそうだ。

「天使みたいな娘《こ》なのよ。関係性で言えば、私なんて彼女にとっては友達の部類にも入ってなかったと思うんだけど、そんな私ですら『この娘の将来が楽しみだわ』って思っちゃうような、そんな娘」

先述した「妙なモノたち」は、そんなLさんの背後に出た。

「おじさんが五人。スーツ着てたり着物着てたり、服装も体型もそれぞれだった。もちろん生きている人達ではなくって、よくは分からないけれど、いわゆる『守護霊』っていう奴なのかなとか、そういう風に思ってた」

その「おじさんたち」は、独特な現れ方をしていたという。

「Lちゃんの後ろにきちんと並んでるんだよ。列を乱さずにピシッと。まるで軍隊の訓練みたいにさ。でも、みんな惚けたみたいなニコニコ顔なの、幸せそうな顔で。やっぱりこれだけ美人だとお化けにも好かれるんだなぁって、そう思っちゃうような雰囲気」

他の「妙なモノ」と違い、なぜかLさんの後ろにいる「おじさんたち」は意識的に見ることができたとNさんは言う。

「私がLちゃんに憧れを持っていたのが関係しているのかな。あと後ろのおじさんたちも、皆ニコニコしてて怖くなかったからってのもあるのかも」

Nさんも、Lさんも、無事に高校生活を過ごし、やがて卒業の頃。

同級生は、進学する者、就職する者、それぞれが自分の進路に向けて準備を始める時期。

Nさんもまた首都圏の大学に進学が決まり、新生活を楽しみにしていた。

そんな中で、異例の進路を選択した者が一人。

「Lちゃんはさ、卒業と同時に結婚が決まっているんだって。そんな噂が聞こえてきて。まさかって思ってたんだけど、本当でね」

隣県の、さる大店の子息に見初められ、式の予定も決まっているとの話だった。

「何ていうか、Lちゃんが結婚して主婦になるっていうのが妙に悔しくて。好きな男の子にフラれたよりも悲しかったのを覚えてるな。もっと大きなところで活躍する人だろうって思っていたのもあったし、あれだけの娘を独占する男がいるのも嫌だった。しかも相手の齢が三十過ぎだって聞いて、悲鳴上げたもん私」

卒業式の日、特に話すでもなかったが、ぼんやり見つめたLさんの背後からは、おじさんが一人消えていた。

「『うわっ、一人居なくなってる』って。守護霊だったのか何なのかはわかんないんだけれど、離れちゃったことの原因は、どう考えても結婚でしょ？　私ですら『そりゃないよ』って思ったぐらいなんだから、あんなニコニコしてたおじさんがガッカリするのも当然だよなと……まぁ、ヤキモチで離れたんだったら良い別れ方じゃないから、逆恨みみたいなことにならなければいいなって」

それから数年後、Ｎさんは成人式後の同級会でＬさんと話をした。

「実は卒業式の頃には妊娠してたんだって。それでもう長男が生まれていて、間もなく二人目の予定日なんだって、嬉しそうに話してくれた。会場にも長居しないで直ぐ帰っちゃったから、私としては話せてラッキーだったんだけど……」

Ｌさんの背後には、相変わらずおじさん達が並んでいたものの、人数は更に減り、三人になっていた。

「Ｌちゃんは幸せそうだったし、何か問題があるようには見えなかった。でもずっと彼女を見守るようにしていた『後ろのおじさんたち』が減っていってるのがちょっと心配でね。何もなければいいなって」

更にそれから数年後、今年の夏。帰省中だったNさんは、地元のショッピングモールでLさんを見かけた。小さな男の子二人を連れ、旦那らしき男性と買い物をしている様子の彼女は、三人目と思しき赤ちゃんを抱いていた。

「あっLちゃんだ！　って思ったらあっちも気付いてくれて、ちょっと立ち話をしたんだ。『ずっと女の子が欲しくて、頑張ってるうちに三人も産んじゃった』って笑ってた」

三回の出産を経てなお、Lさんの美貌は際立っており、その幸せそうな様子にNさんは安堵した。しかしどうしても見過ごせない変化もあった。

「後ろのおじさんが二人になってた。しかもこれまではニコニコしていたのが、すっかり無表情になっていて、何だか見え方も薄くなってるの。やっぱり良くないかも、って思ったけれど、言ったところで私に何ができるわけでもないし……現に目の前の彼女は幸せそうだし……本当になにも無ければいいなと思ってる」

Nさんによると、Lさんはもう子供を作るつもりはないらしい。

「ずっと欲しかった女の子が産まれたからって。みんな齢の近い子供だから子育ても大変みたい。でも、この時代に三人も産めば立派なものだよね」

Nさんの話を伺っているうちに、何だかピンときた。

彼女に気持ち悪がられるのも嫌だったので黙っていたが、後ろで表情を無くしていたという「おじさん二人」の気持ちがわかるような気がした。

造成地の公園

A君が高校二年生だった時のできごと。

難関大学への進学を希望していた彼は、その頃すでに受験に向けた勉強を開始しており、日々当たり前のように深夜まで机に向かっていた。

もともと勉強が苦にならないタイプであり、そんな毎日を楽しんですらいたそうだ。

「眠くさえならなければ、あるいは次の日に学校へ登校しないで良ければ、毎日朝まで勉強していても良いぐらいだった。学校での勉強はあまり意味がないと思っていたし、自分で組んだスケジュールでどこまで偏差値が上げられるかに興味があったから」

そんな彼が、勉強以外に唯一楽しみにしていたことが「深夜のジョギング」だった。

眠気や疲労感などで学習への集中力が途切れてくると、家族が寝静まった家をこっそり抜け出して小一時間走り回る。

「だいたい一時とか二時とか、いつもそのぐらいに走ることにしてた」

自宅のある住宅地を駆け抜け、二十分も走ると完全に人気《ひとけ》のない町の外れに出る。

今はもう開発され、ショッピングモールなどが立ち並ぶ地域になってしまっているとのことだが、当時その近辺は商業施設も民家もないただの造成地だった。

「その真ん中にポツンと公園があるんだ。公園の周囲二キロ四方ぐらいはなにもない平らな土地になっていて、すごく静かで気に入ってた」

そこでひと休みし、ゆっくり自宅まで帰って来るというのがお決まりのコース。

「遊具と植木とベンチがあるだけの小さい公園。ベンチに座ってボーっとして、気が済んだら家に帰って寝るの」

ぼんやりと過ごす静かなひと時。遠くバイパスを走る車の明かりが通り過ぎて行くのを無心で眺め、夜のしじまに身を任せていると、時間を忘れるような感覚があった。

「いや、それがほんとにね、ほんとに時間を忘れるようになってさ」

秋も深まった十一月、その夜もA君はジョギングに出た。

町の外れ、人気のない造成地、ぽっかりと明かりが灯る公園。

ひと休みしている最中、見上げた星空に心を奪われた。

「寒い季節だからか空気が澄んでいて、ものすごい星空だったんだ。バイパスの方は好きで良く眺めていたけれど、星空を見上げることはなかったから驚いた。星ってこんなに沢《たく》山《さん》見えるもんなんだなぁと」

いつもの感覚でいえば、長くても十分程度の休憩だったはずだと彼は言う。

しかし、ふと気づけばカチカチと歯が鳴っており、体は冷え切っていた。

「なぜか一時間以上経っていた。いくら星空が綺麗だからってこりゃ無いだろうと自分でも反省したぐらい」

しかしそれ以降もA君は同じことを繰り返す。

「いや、自分でも何かおかしいとは思っていた。でもそれを自覚しつつやめられなかったんだよ。ジョギング、というよりも深夜にあの公園に行くことが」

土地の造成に伴ってできたばかりの、何の変哲もない新しい公園。

深夜、体が冷たくなるまで、そのベンチで星を見上げ続けるA君。

「今考えると異常だよね。夜中に家を飛び出して真っ青になって帰ってくるんだもん。でもさ、自分としてはどう考えてもほんの十分程度休憩しているだけっていう感覚だったんだ。おかしいなあって思いつつ、その『時間を忘れる感覚』を検証したい気持ちも強くて……」

毎晩のように公園に走っては、それを体験し続け、ついにある日の朝、彼は朦朧《もうろう》とした状態で造成地を歩いているのを発見された。

「家を出て、走り出したところまでは覚えてるんだけど、それ以降はハッキリしない。ただ公園の近辺で発見されたってことは、いつものように星を見上げていたんだろうなと」

低体温状態になっており、救急車で病院に搬送され、数日間の入院。

「たまたま新聞配達の人が気付いてくれなかったら危なかったかも知れないって言われた。体が治ってしまえば俺としては何てことない経験だったけれど、両親が随分心配してね。勉強のし過ぎで精神的に追い詰められていたんじゃないかってことで、カウンセリングなんかも受けさせられたよ」

結果、A君は両親によって深夜までの勉強を禁止された。

「しばらくは親が随分遅くまで起きていて俺を見張っていた」

当然、夜中にジョギングに出ることもできなくなり、公園へも行かなくなった。

「志望校には合格したから良かったものの、息子が勉強するのを禁止するなんて我が親ながら極端だよなあ」

笑いながらそう語るA君であるが「でも、ちょっと笑えない話もあってね」と付け加えた。

彼が深夜のジョギングを禁止されて一年後、ちょうど受験シーズンに差し掛かろうという時期に、同学年の女の子が亡くなっているのだという。

「例の公園で、朝方に遺体で発見されたらしい」

親しい間柄ではなかったため、その真相に関して詳しいことまではわからないそうだ。

「誰かに殺されたとか、そういうことではなかったみたいだ。ローカルでもニュースにすらならなかったしね。自殺だとか何だとか言われていたけれど、あの公園で死にかけたことのある俺にとってみれば、ちょっと違ったリアリティのある話だった」

現在三十代後半になるA君が高校を卒業して二十年。

その公園は既に無く、その跡地に現在は薬局が建っているそうだ。

小料理屋にて

今年の夏、自営業を営んでいる友人Cから連絡が入った。

聞けば、現在担当している顧客に大の怪談好きがいるという。

その客に私のことを話したところ、飲み会をセッティングするよう依頼されたとのこと。

「ちょっと頼むわ、飲み食いはタダでいいから」

どうやら接待の一環として、飲み屋で怪談の独演をしてくれということらしい。

と言われても私の場合は書く方が専門であり、話すことには全く自信がない。

怪談を語るのは実に難しく、高度な技術が要求される。

独特な間の取り方や、抑揚をつけた喋り方、語り映えする内容の選択などなど。

それなりに修練を積んだ上でなければ、怪談語りなどできはしない。

そもそも文章でそれを書くことすらままならない私である、最初は断ろうと思った。

しかし、喋りの上手い下手は問わないとCは言う。

「怖いかそうでないかは重要じゃないんだ。ただその場で、小田が集めている妙な話を披露してくれればそれでいい」

だったら私の著作を進呈しようかと持ち掛けたが、それではダメだとの返答。

「ちょっとね、こっちはこっちでワケありなんだ。あるいはネタになるかも知れないよ?」

どういうことか問うてみたが、その日、現場に来れば分かるとだけ。

古い付き合いでもあるし、当日は私とCとその客だけの席だからと言われ、しぶしぶ引き受けた。どうにも「ネタになる」というような言葉には弱い。


その日、落ち合ったのは小料理屋の個室。

ふすまを開けた部屋には、スーツ姿のCと、妙齢と思われるご婦人が一人。

「こちらYさん」

紹介され軽く会釈すると「そんなに硬くならずに、大丈夫ですよ」とお声がけ頂いた。

見た目、私やCよりも若いのではないかと思ったが、どうも年上らしい。

舌のすべりを良くするためとビールをすすめられ、飲みながら今日の趣旨を聞く。

このYさん、ちょっと変わった方で『本物の怪談がわかる人』なのだそうだ。

「本物の怪談を聞くと、頭がい骨の内側がペロっと舐められる感触があるんです。怖いかどうかは別にしてね」

その感覚は本を読んだり映像を見たりではなく、目の前で誰かに語ってもらわなければ得られないものなのだと彼女は言う。

聞きながら、ずいぶん変わった表現をする人だなと思った。

他の人ならば「ゾクっとした」とか「夜に眠れない」とか、そういう風に表現するであろう感覚を「頭がい骨の内側が舐められる」と例えるのだ。

どうにも手ごわい人物のように思われ、いささか緊張する。

そもそも、彼女の言うところの「本物の怪談」がどういうものなのか測りかねた。

いわゆる「実録怪談」なのか、あるいは創作であっても「よくできた話」なのか。

どうあれ、私の手持ちの弾は私が集めてきた話以外になく、それを語り始めた。

妙なプレッシャーに負けじと、酒を流し込みつつ語ること五話。

酔いのせいもあって気持ちが大きくなってきた私は、Yさんに訊ねた。

「頭がい骨、舐められました？」すると彼女ははにかむようにしながら「ええ、一回」と言い「何か食べますか？」と料理を勧めてくる。

私なりに、精一杯語ったつもりだった。

しかし、人の受け取り方とは様々である。怪談に限らず、どういう物事においても誰しもが納得するようなパフォーマンスを繰り出すのは難しい。

横では、Cが含み笑いで私を見ている。

――帰りたい。

そう思いつつ酒をあおり、次の話を語ろうと咳ばらいをした私に、Yさんが言う。

「できれば、もう終わった話ではなく『現在進行形』の怪談をお願いします」

突然の申し出に戸惑《とまど》う私に、今度は含み笑いのままCが言う。

「Yさんは霊感があるの。黙ってて悪かったけど、本当にあるの」

そう言われ、どうリアクションをとったものか思案していると、再びYさん。

「私、その怪談が『生きている』か『死んでいる』かがわかるんです。つまりもう終わった話にはピンと来なくて、まだ続いている話にグッとくるというか……」

何だか申し訳なさそうな様子。そうならそうと最初から言ってくれていれば、こちらとしても別な用意はあったのだが。

「Yさんなりに気を使ってたんだよ。ホレ、お前はビビりだし、怪談好きなくせに幽霊とか信じてないでしょ？　ちょっと複雑な男ですよって、俺が言っちゃったから」

なるほど、確かに出会って早々に「私は霊感があるんです」などと言われていたら、この場の空気はちょっと浮いた形になっていたかもしれない。

「ごめんなさいね、霊感って言っても、大したことないんだけど。今日はCさんがどうしてもってことだったので……」

どうやら、そもそもこの席はYさんの希望によるものではなく、Cが私に仕掛けたドッキリのようなものであったらしい。

「いや、お前が幽霊信じてないくせに怪談とか書いちゃってるからさ、こっちがマジな人連れて行ったらどういう顔するのかなと思って」

さっきからの含み笑いは、そういうことであったようだ。

思う所はあったが、それならば、とこちらから仕掛けてみることにした。

明らかに『もう終わった話』を『現在進行形の話』として、少し盛って話してやろう。

そう考え、景気づけにビールを注文した。

ビールを待つ間、次の話を頭で組み立てる。

仮に、この話にYさんが反応するようであれば、彼女もいわゆる「自称系」の人物であるとわかる。自分でも意地が悪いなと思ったが、この場ではYさんへというよりも、いっぱい喰わせて来たCへの当てつけの気持ちが強かった。

『Yさんを試すよ』という一文を、Cのパソコンのメールアドレスに送信。

後から確認して、目を丸くすることだろう。

小料理屋の女の子が、生ビールのジョッキを運んで来る。

よし！　と気合を入れ、いざ話さんと勇んだ瞬間――


「その話はいいです！」


と、叫び声があがった。

声も無く竦《すく》んでしまった私と、目を丸くしてYさんを見つめるC、ビールを運んで来た女の子までもがビクッと立ち止まる。

Yさんは『やってしまった』とばかりに泣きそうな顔。

その様子を察してか、怪訝《けげん》な表情でそそくさと立ち去る小料理屋の娘。

「何？　どうしたの？」焦り気味のCがYさんに話しかける。

「大きな声出しちゃってごめんなさい。あの、今、小田さんが話そうとした怪談って、女の子が亡くなっている話ではないですか？」

そうであるが、どうしてわかるのか？

「その女の子が、さっき、あの、ビールを運んできてくれた女の子に顔がふたつあって、ああ、何て言うんだろう、こう、耳のところっていうか、あの顔の横にもうひとつ顔があったんですね、そしたらその顔の女の子が『ちがうちがうちがう』って、私に言ってきて……久しぶりにハッキリ見ちゃったもので……すみません」

怪談語りは、ここで終了となった。

帰り際、気を取り直したYさんは「頭がい骨が舐められるどころではなかったですね」と笑い「その話は、あまり話さない方がいいと思います」と付け加えた。詳しく突っ込んでみたが「私は大したことないので、すみません」とのこと。

翌日、Cから私のパソコンに「本物だっただろ」というメールが届いていた。

この時、私がYさんに語ろうとした話が、前話の「造成地の公園」である。
確かに、女の子が亡くなっている話ではある。
一体何が『ちがう』のか、気になるがわからないままだ。

血生臭い何か

B君はその日、深夜のコインランドリーにいた。

少し前まではもう一人客がいたのだが、今は店内に彼一人。

回る洗濯物をぼんやり眺めていたところ、眠気が差してきた。

乾燥が終了するまでは、まだ四十分程の時間がある。

「疲れていたせいもあって、携帯のアラームを設定して目を瞑《つむ》ったんだ」

静かに響くモーター音を聞きながら、ウトウトし始めた。

どれぐらいそうしていたのか、ふと気づくと、なんだか周囲が臭う。

「魚市場とか、魚の加工場なんかの臭いに近かった、血生臭い感じ」

港町で生まれ育った彼にとっては、珍しい臭いではない。

眠っているうちに、鮮魚関係の人間がやって来たのかも知れない。

このぐらい臭う洗い物ならば、わざわざ深夜にやってくるのもうなずける。

「他の客がいるのに、寝てるのも物騒だと思ってさ」

目を明け、周囲を見回すが、誰も居ない。

あるいはさっさと洗濯機だけ回して外に出たのだろうか？

そう考え、確認するように視線を向けるも動いているのは自分のものだけ。

どこからやってきた臭いなのか、それはさっきよりも強くなってきている。

「排水か何かのトラブルかなぁとか、色々勘ぐってたんだけど……」

血生臭い臭いがあまりにもキツくなり、耐えられなくなってきた。

乾燥機を見れば、終了までまだ十分は時間がある。

「ちょっと入口を開けて換気しようかと思って」

立ち上がり、少し歩いたところで何かとぶつかった。

「何にもない所で、ドンってさ」

あれ？　と思い、ぶつかった何かがあった空間を手で探るが、何もない。

「そりゃそうなんだよ、実際に何もないんだから」

首を傾げつつ、ぶつけた自分の肩を見て見ると、赤く汚れがついている。

かすれたような赤、身に覚えのない汚れ。

スッと血の気が引くような感じがし、もう一度周囲を見回す。

何も見えない、が、何だか気配がするように思える。

臭いは更に濃さを増し、むせかえるようだ。

いてもたってもいられなくなり、乾燥機を止めると洗濯物をまとめた。

あわてて外に飛び出すと同時に、背後から刺すような視線。

「振り向けないよ、見たくなかったもん」

そのまま走り出したが、例の臭いが付いてくる。

「肩の汚れ、血痕みたいなやつ、それが酷く臭って」

近くのコンビニで上着を脱ぎ棄てると、ようやく落ち着いた気持ちになれた。


「ちょっと待って、誰もいなかったんだよね？　コインランドリーには」

「うん、俺一人」

「急に血生臭くなるってのは確かに怖いけどさ『見たくなかった』って何を？」

「何をって、あんなに血生臭くて、ぶつかっただけで血痕ついて、そんな状態の何かが、もし見えたら大変だろう。嫌だよ」

怯えたようにB君は言った。

T君のこと

その男の子が転校してきたのは、Eさんが小学校四年生の時。

「野球が好きな男の子で、休日にはよくお父さんとキャッチボールをしてた」

仮にT君と呼ぶこの男の子、引っ越し早々から地元のリトルリーグに所属し、暇さえあれば野球ボールをいじっているような、典型的な野球少年だった。

彼は従来の明るい性格に加え、リトルリーグでの繋がりのためか上級生にも顔が利き、転校して来たばかりにも関わらず、すんなりクラスに馴染んだ。

「やっぱり、小さい頃って運動ができると強いんだよね、ガキ大将ってわけでは無かったけれど、クラスでもT君のことは無視できないっていう雰囲気があったな」

溌溂《はつらつ》とした人好きのする少年であったT君は、しかしあっさりと亡くなってしまう。

「交通事故だったんだ、五年生の時」

二車線の道路を横断しようとした際に、車に撥《は》ねられたのだそうだ。

「ちょうど、車で反対側の車線を走って来たご両親が、歩道を歩いているT君を見つけて停まったらしいんだよね。クラクションを鳴らされて気付いた彼が、ご両親の車に駆け寄ろうとした時の事故だったって」

自分たちの子供が、目の前で車に撥ねられる様を目撃してしまったT君の両親。その悲しみは深く、母親に至ってはスーパーでのパートも辞め、自宅に引き籠るようになった。

「うちの母も同じスーパーで働いていたから、ずいぶん心配していたのを覚えてる」


その事故があってから数か月後のこと。

夕方、二階の自室に居たEさんのもとに、階下から母親の呼ぶ声。

「何だろうと思って下りて行ったら、玄関にT君のお母さんがいて……」

泣き笑いのような、ちょっと見たことのない表情をして、しきりに何事かを喋っているT君の母親と、困惑したように佇《たたず》む、Eさんの母。

「ちょっと異様な雰囲気だなって思いながら近づいたら、写真を一枚渡されてね……」

写っているのは、どこかの球場と思《おぼ》しき景色。

状況を把握しきれないEさんが戸惑《とまど》っていると、写真を指差しT君の母が言う。

「ここ、ここを見て」

見れば、そこには亡くなったはずのT君らしき男の子が写っている。

「何て言うんだろう、お坊さんが着ているみたいな服？　和装ではあるんだけれど、見慣れないような格好をしたT君が、ぼんやり立ってて……」

生前に撮られたものなのだろうか？　妙な服を着せられ、青白い顔で佇んでいる。

「これね、先週の写真なの」

確かに、写真に入っている日付は先週のもの。

――どういうこと？

思わず自分の母親に顔を向けると、Eさんの母もまた、困ったような表情をしている。

「Eちゃんもわかるでしょう？　これTなの。こっちでは、もう亡くなってしまっているんだけれど、あちらの世界では元気にしているみたいでね。ホラ、こんな立派な服を着せられて、何だか恥ずかしそうね、でも本当に良かった、こうやって出てきてくれて。こちらでは亡くなったけれど、あちらでは元気だってわかって、それを知って欲しかったの」

朗々と、歌い上げるような口調で、T君の母はそんなことを言った。

ぎょっとして固まってしまったEさんに対し彼女は「これはお守りにして」と写真を手渡し、更に「もしかしたら学校で撮った写真にもTが写るかも知れないから、その時は教えてね」そう付け加え帰って行った。

「うちの母は『今のこと学校で喋っちゃダメだよ』って、何度も私に言ってね、私もそのつもりでいたんだけれど……」

翌日、クラスはその写真のことでもちきりだった。

「T君と同じリトルリーグに所属していた子たちにも『お守り』ってことでその写真が手渡されたみたいで、何人も同じ写真を持ってて……」

見知った人間が写っているが、それはいわゆる心霊写真。

「なのかどうかはわからないよ、合成かも知れないし……って私は思ってたんだけど」

その後、事態は思わぬ方向に向かった。

「私たちのクラスで行事ごとに撮った写真にね、変なものが写り込んでいるの」

それは銀色をした丸い球で、随分な頻度でとらえられた。

「ほら、よく『オーブ』とかって言われているでしょ？　あれとは質感も色味も違うんだ。もっとずっしりしていて……それをね、クラスのみんなが『T君だ』って言うの」

クラスメイトの何人かは、そういった写真が撮られるたびT君の母親を訊ね「Tが写りました」という報告をしていたようだと、Eさんは言う。

「T君のお母さんは随分喜んでいたみたい、写真を持って行くとお菓子とかお小遣いをもらえるんだって、自慢してた子もいたよ」

学校側も、デリケートな問題だと捉えていたのか、子供たちのそのような行動を咎《とが》めたりはしなかった。

「あるいは、先生たちにもT君のお母さんがあの写真を持って行って、お願いしていたのかも知れないね」

小学校の卒業を迎える頃まで、銀色の球となった『T君』は、クラスの写真に現れ続けたが、皆が中学校に進学した後、その出現はパタリと途絶えた。

「中学では他の小学校の子たちとも一緒になったからか、みんな自然と話題にもださなくなったな、何事もなかったみたいに」

Eさんが現在「T君」と言われて真っ先に思い出すのは、写真に写っていた銀色の球であり、本人の顔についてはおぼろげに覚えている程度であるという。

「四年生の二学期に転校して来て、五年生の一学期に亡くなっているから、考えてみれば生きているT君よりも『銀色の球』のT君との付き合いの方が長かったんだよね」

T君の死後、数々の写真に現れた『銀色の球』。

それは、Eさんをはじめ当時のクラスメイトによって『T君そのもの』としてその存在を認識され、小学校を卒業するまでの時間を共有し続けた。

「だから不思議と、T君とは小学校卒業までは一緒に居たような感覚があるんだ」

加護

現在二十代のIさんという女性から伺った話。

彼女が通っていた小学校では、児童のみで学区外へ遊びに行くことが禁止されていた。

もちろん、親と一緒であればどこへ行くのも自由なのだが、子供達だけで勝手に学区外へ遊びに行ったのがバレると、万引きが発覚したのと同じぐらいの勢いで怒られたそうだ。

「でもさ、私の小学校って町の端っこの方にあったから、学区内にはろくなお店もなくって、高学年になってくると退屈だったんだよね」

そんな風に思っていたIさんに、ある日、同級生のRちゃんがある提案をした。

「放課後、見つからないように学区外のショッピングモールまで行ってみようって」

Rちゃんは、これまで何度も、一人で学区外へ買い物に行っているらしかった。

「一人で行ってもつまらないから、一緒に行こうよって言うんだけど」

しかし、ショッピングモールまではバイパスをしばらく歩き、トンネルをくぐって行かなければならない。その道行自体は苦にもならないが、途中で先生や親に見つかるかもしれないことを考えると、すぐには頷けなかった。

「田舎は車社会だからさ、バイパスを子供が歩いているってだけで相当人目に付くんだよね。自分の親じゃなくても、誰かの親がそれを見つけて学校に連絡されたりすることは十分に有り得たし、それが先生だった場合は現行犯だから、不安に思って」

そう述べたIさんに対し、Rちゃんは「大丈夫！　バイパスもトンネルも通らないから」と、自信たっぷりに言い放った。

「絶対に見つからない道があるから教えてあげるって、そう言うんだ」

その日の放課後、IさんとRちゃん、更にUちゃんというもう一人の女の子を加えた三人で待ち合わせ、ショッピングモールに向けて歩き出した。

「それが結構すごい道でね、田んぼの畦《あぜ》とか人の家の裏とかを通って行くの。一体どうやってこんなルートを見つけ出したのかって感心したよ」

バイパスに並行して、そんな道なき道を歩き、いよいよトンネルが見えてくる。

「トンネルの上にね、細い道があるんだって、そこを通ればトンネルを歩かなくても向こう側に出られるからって」

三人で向かったその道は、思ったよりも険しそうだった。

「そりゃトンネル掘るぐらいの山だからね、それを越えて行こうっていうんだから簡単な道ではないよなと」

Rちゃんの弁では、その山道を二十分程歩くとトンネルを越えられるという。

夏の夕方、周囲はまだ明るく、日暮れまではしばらくありそうだった。

腕時計を見ながら「帰りは最悪タクシーかな」そんなことを言うRちゃん。

「私とUちゃんはそんなこと考えもしなかったから、驚いたなあ」

だったら最初からタクシーで行けばいいようなものだが、そこは子供。

「まぁさ、そもそもショッピングモールに行ったたって何が買えるわけじゃないんだよ。お小遣いだって限られているし、いいとこお菓子買って食べるぐらい。だからあの時は『どうやって見つからないように学区外へ行って戻って来るか』っていう、そのこと自体が楽しかったんだ」

ささやかな好奇心に身を任せ、少女たちは山道に踏み入った。

蚊柱を駆け抜け、ぬかるみを乗り越え、きゃっきゃ騒ぎながら進む。

そうして十分も歩いた頃、不意にUちゃんが立ち止まった。

「どうしたの？　って、声をかけたらさ、真っ青な顔して前の方を指差すんだよね」

Iさんが怪訝《けげん》な顔を前方に向けると、少し先に見慣れた立ち姿。

「担任の先生が立ってた」

どうしてこんなところに？　動揺して思わず身をかがめると、Uちゃんもそれに倣う。

Rちゃんだけが、不思議そうな顔でそんな二人を見下ろしている。

「先生いる！　前！　前！」

小声でそう呼びかけるも、Rちゃんは全く動じる様子がない。それどころか「何言ってんの？」と呆れたような表情。

「今考えても不思議なんだけれど、あの時、私とUちゃんにはハッキリ先生が見えていたんだよね、どうしようどうしようって思って」

怯える二人に合わせ身を屈めたRちゃんだったが、全く納得いかないという様子。

「絶対に誰もいないって、Rちゃんはそう言うんだけれど、私たちはもう帰りたくなって」

頑なに戻ろうと主張するIさんと、半泣きになっているUちゃん。

それをみたRちゃんは、しぶしぶ折れた。

「帰り道はケンカになっちゃってね『絶対先生いたし！』っていう私と『絶対いなかった』っていうRちゃん、Uちゃんは間に挟まれて泣いてたな」

ついさっきまで、キラキラと楽しかった道のりは、すっかり色あせてしまった。


次の日、朝のホームルームの際、Rちゃんがわざとらしく先生に訊ねた。

「『昨日の夕方どこにいましたか？』って、私とUちゃんはギクッとして顔を見合わせて」

すると先生は「学校で会議中だったよ」と言う。

「そんなわけないいんだよ、絶対あの山道に居たんだからさ、私だけじゃなくてUちゃんも見てたんだしって、思ったんだけど……」

よくよく考えてみれば、あんな時間に、あんな山道の真ん中に先生がいるはずがない。

「Uちゃんも同じように思っていたみたい。もしかしたら見間違いだったのかもって」

自分たちが見たものと、客観的な現実に齟齬《そご》がある。

「Rちゃんは『ホラ見ろ』って顔で私たちを見てた……せっかく誘ってくれて、秘密の道まで教えてくれたのに悪かったなって、悲しくなって」

Rちゃんに謝りはしたものの、以後、Ｉさんが Rちゃんに誘われることはなかった。

「その次の年かな、Rちゃん亡くなっちゃったんだ」

　中学に上がり、最初の夏休みのことだった。

　海での事故だったという。

「それで高校生の時に、史跡を調査するっていう授業があってね、たまたま私の班が調べることになったのが、Rちゃんと歩いた山道だったの」

　あの日、ちょうど先生が立っていた場所には小さなお堂があり、地蔵が祀《まつ》られていた。

「ああ、お地蔵さんがあったんだって……調べたら、日本ではお地蔵さんって子供の守り神なんだってね、それでさ……ちょっと思う事があって」

「あの時に、私とＵちゃんが先生を見ちゃったっていうのは、お地蔵さんが『危ないことするなよ』って注意してくれたからなのかなとか、ね。そう考えるとさ、Rちゃんにはそれが見えなかったわけじゃない？　もしかすると彼女だけ『守られて無かった』っていうことになるんじゃないかなって、そんなこと考えちゃってね……実際死んじゃったし、こじつけかもしれないんだけれど、そんなことを当時思ったよ」

後遺症

S君は二十代前半の会社員、彼がまだ大学生だった頃の話を語ってくれた。

「元々は、何代も前の先輩が当時付き合っていた彼女さんに作ってもらったものだってことでした。何て言うんですかね、パッチワーク？　みたいな感じで、色んな布をツギハギしてできてるんです、そのジャケット」

それが大学の学科を越えて、サークル経由などで次々に持ち主を変え自分の手元に来たのだと、彼は言う。

「全て手縫いなんですよ、すごく細かくて。ただ色んな柄の布切れをツギハギしてるんで、ちょっとこう、芸術的っていうか、もし自分がコレを女の子から貰ったとするとかなり困るなっていう感じで」

幾何学模様、花模様、可愛いキャラクター模様、無地、様々な柄の布が不規則に使われており、どういう場面で着ればいいのか、ちょっと判断に困るようなデザイン。

「ただ、形はしっかりしているし、裁縫も細かくて、その彼女さんって人は、よっぽど腕のある人間だったんだなってのは素人でもわかりました。ただきっきも言いましたけど、ツギハギのデザインが芸術的過ぎるために、せっかくの技術が台無しになっているという」

もともと、個人的なプレゼントであったはずのそのジャケットが、彼らの大学で代々受け継がれるように持ち主を変えてきたのには理由があった。

「ジャケットの作者であるその彼女さん、自殺してるっていうんですよ。詳しい所まではわからないんですが、恋愛関係のイザコザがあって、ジャケットをプレゼントした彼氏に酷いフラれ方をしてしまったのが原因って話です」

どうやら処分に困ったその彼氏が、ジャケットを大学の後輩に押し付けるようにゆずってしまったのが事の発端であるらしい。

「俺も『そういうのがあるよ』って、最初は噂話に聞く程度だったんです。ただちょっとした縁でその実物を見せてもらった時に『確かに簡単に捨てられるようなものじゃないな』って思いました。見た目はどうあれ、ずいぶん思いを込めて作られているってのがわかるんですね。パッと見でゾッとするぐらい雰囲気があるんですよ『うわぁ、これは重いなぁ』っていう」

捨てたら祟られる、という話もあったらしい。もっともそれに留まらず、S君が聞いた限りでもかなりの数の曰くが語られていたそうだ。

「持ち主になると付き合っていた女と別れるっていうのがありました、後は部屋に見知らぬ女が立つようになるとか、電話していると女の声が聞こえるとか、精神的におかしくなるとか、まぁロクなことないんです、もちろん尾ひれはひれはあるんでしょうけれど……」

S君自身も、このジャケットを手に入れて間もなく、当時の彼女と別れている。

「いやぁ、俺の場合はたまただと思うんですけどね。でも別れたのは確かです。ジャケットの力だったのかどうかはわかりませんけど、突然フラれちゃって、理由を聞いても教えてくれなくて、あの時は困りました。さすがに幽霊までは出ませんでしたが」

そもそも彼がそのジャケットの持ち主だった期間は非常に短い。

ほんの数週間程であったという。

「大学祭の時にホラー喫茶みたいなことをやったんです。女の子にハロウィンのコスプレみたいな恰好をさせて、お化け屋敷と喫茶店を同時に味わえるみたいなコンセプトで。その際のディスプレイの目玉として用意しました。当時の持ち主に『貸してくれ』って言ったら『貸すんじゃなくて、ゆずるっていう条件なら』ってことで、俺のものになったんです」

S君にジャケットをゆずった持ち主は「捨てるに捨てられなくて困っていた」と言い「これは『ホンモノ』だけど本当にいいの？」と何度も念押ししてきたそうだ。

「いや、捨てるに捨てられなくて困っていた人が、何でわざわざせっかくの機会をフイにするようなこと言うのかなって、その時は不思議でした。でも持ち主になってみるとわかるんです、その彼女さんの『思い』って言うんですかね、それがまだ残っている感じがして、無碍《むげ》にはできないなって思っちゃう。ゆずるにしてもちゃんと人見て、良さそうな奴か判断しないとって、思っちゃうんです。女にフラれた以外、祟りも呪いもなかったですけど、あれはホント不思議だったな」

しかし結局、S君は数週間で次の持ち主にジャケットをゆずった。

「大学祭が終わって、打ち上げの時に話題になったんですよね『コレどうすんの？』って。俺も流石《さすが》にこれは着られないし、万が一祟られたりしても嫌だしって思ってはいたんです。そしたらその場にいた人間が『どうせなら彼女いない奴にあげてみれば？』って言うのでピンと来て、ちょうど同じゼミに全く女に縁のない奴が居たんで、そいつにあげようと……」

ここまで話して、S君は何かを考えるようにしばらく沈黙し、次に直前まで語っていた文脈から、ややズレた話を唐突に語りだした。

「Yなら大丈夫だなって、変な直感なんですけどね。Yならあのジャケットと上手くやれるんじゃないかみたいな、しっくりくる感じがあったんですよ。俺も数週間とはいえそのジャケットの持ち主だったんで、変な話ですが情が移るみたいな気持ちにはなっていて、まぁ変ですよね『呪いのジャケット』みたいな噂を聞いて悪い意味で興味を持ったのに、いつの間にか『ジャケットのため』みたいなことを考えていたんですから」

不思議なことに、この辺からS君の語りは徐々に熱を帯びはじめた。

早口気味で、まくし立てるように喋る。

「それで後日ゼミが終わってからYに声をかけたんですね『ちょっとこういうのあるんだけど、どう?』って。そしたらYが『これ、すごいね』って、ひと目見てそう言うんですよ。俺はそれ聞いて嬉しくなっちゃって『このジャケットさ、Yに着て欲しいと思ってるみたいなんだけど』って、変なこと言っちゃって。そしたらYが『俺もそんな気がする』って、そのまま羽織ったんです。俺、その瞬間に何でか涙出ちゃって『良かった』って」

そう言いながら、私の前でも何故か涙目になっている彼。

どこでギアが入れ替わったのか、もはや当初の軽薄な語り口ではない。

「それで俺、Yに聞いてみたんですよ『このジャケット、寂しかったんだよね』って、そしたらYが『これは母親が子供に作ってあげた服って感じがするね』と、それ聞いて俺ホントに泣いちゃって、俺もずっとそういう風に思ってたんだけど、どう表現していいかわからなかったから、やっと言って貰えたって、ホントに……そこで多分喰い違っちゃったんだなぁとか、好きすぎて愛情が溢れちゃって、もう彼氏っていうか子供みたいな感覚だったんだろうなとか、服作った人の気持ちが、全部わかって、ホント……すいません……」

言いながら号泣しはじめたS君を見ながら、何とも言えない気持ちになった。
彼はもしかしたら、まだそのジャケットの影響下にあるのではないか？
そんな疑問が湧いて来たのだった。
これ以降、彼が話した内容は蛇足であると思うので伏す。
色々な人に話を聞いて回っていると、たまにこういうことがある。

我妻俊樹

あがつま　としき

我妻俊樹（あがつま・としき）
歌人としての顔も持ち、短歌や創作怪談というジャンルでも日常と非日常のあわいにある恐怖を作品化する。２００５年、第３回ビーケーワン怪談大賞で大賞受賞。単著に『忌之刻』『有毒花』『水霊魂』（実話怪談覚書シリーズ）、『怪幽録 奇々耳草紙』『呪詛』『祟り場』『死怨』『憑き人』（奇々耳草紙シリーズ）など。

花の匂い

益代さんは学生時代にバイト先で物を届けるお使いを頼まれたことがあり、その帰りにバス停に立っていたら雨が降り始めた。

あいにく傘を持っていなかったので、早くバスが来ないかなと思いながら道路の先のほうを見つめていると、突然誰かに肩を叩かれたという。

「よかったら使ってください」

見れば赤い傘を差して眼鏡を掛けた若い女の人が、畳まれたビニール傘を一本手に提げている。

「あ、ありがとうございます。でも……」

見知らぬ人の出し抜けの親切に驚いた益代さんが受け取るのを躊躇《ちゅうちょ》していると、女の人は「返さなくていいんですから遠慮しないで」と言いながら押し付けるように傘を渡してきた。

そして妙に白い歯の目立つ笑い方をしながらこう言った。

「持ち主は死んでしまいましたからね」

はっとして顔を上げると、本降りになった雨の中に女の人の姿はなかった。

田舎町のまっすぐな一本道で、両側には収穫の終わった畑ががらんとひろがっているだけでどこにも人影はない。

渡されたビニール傘はよく見れば骨が何本も横から飛び出し中棒がぐにゃりと曲がっていて、元は透明だったはずのビニール生地は赤黒い汚れがところどころ盛り上がるほどの厚みで固まっていた。

汚れの中には、髪の毛のついた皮膚のように見えるものまで混じっていたという。

悲鳴を上げて傘を道路に投げ捨てると、益代さんは遠くにぽつんと見えているコンビニの看板に向かって夢中で駆け出した。

しばらくの間コンビニで震えていた後、いつのまにか雨が上がっていることに気づいた益代さんが恐る恐るバス停のある場所までもどって来てみると、あの無残なビニール傘は路上から消えていた。

ただ彼女が傘を投げ捨てたおぼえのある付近に電柱があって、その根元部分に針金で固定されたガラスの花瓶が立っている。

周囲の地面にまだ新しい菊の切り花が何本か散らばっていたという。

それを目にした途端、耐えがたいほどの罪悪感に襲われた益代さんが心の中で謝りながらしゃがみ込んで花を花瓶にもどしていると、ようやくバスがやって来た。

バスは他に乗客が誰もいないのに、なぜか車内が花の匂いでいっぱいだったそうだ。

広場の集会

香川在住の伊寿美さんは二年前まで東京に住んでいて、これは東京時代の話。

大学の帰りに駅から歩いていると、道路工事で迂回路が指示されていたので伊寿美さんは看板どおりに道を折れていった。

ところがどこで間違えたのかいっこうに元の道にもどらず、知らない家並の中をぐるぐると歩いてやがて道は草の多い広場のような場所に突き当たり、行き止まりになった。

見れば建物の基礎のようなものが所々に残るその土地の端のほうに、十数人ほどが緩《ゆる》く輪をつくって集まっていた。

服装など見た目の様子からは、草刈りや清掃のボランティアのために集合した地域住民のようだ。男も女も、若そうな人も年寄りもいる。その人たちが、伊寿美さんが広場の手前で立ち止まったときいっせいにこちらに顔を向けてきたという。

距離があるからどの顔も豆粒のように小さいのに、なぜか伊寿美さんには顔の大きさ以上に表情がくっきりと浮き出て見えるような気がした。

その人たちの目つきに何となく敵意のようなものを感じた彼女は、居心地が悪くなってあわてて道を引き返そうとした。

すると集団の中の四十代くらいの女性が両手を口に添えて、

「これからもカワサキタカコさんをよろしくお願いしまーす」

そう叫んだので伊寿美さんはびっくりして立ち止まった。

伊寿美さんと同じ文芸サークルに所属している、親友と言ってもいい間柄の子の名前が川崎貴子《かわさきたかこ》だったからである。

あの人は貴子の知り合いなんだろうか？

でもどうして私が貴子の友達だとわかったんだろう？

とまどった伊寿美さんは、

「川崎さんとお知合いなんですか？」

そう恐る恐る女性に向かって訊ねたのだが、声が小さくて届かなかったのか、相手はただ黙ってじっと睨《にら》みつけるようにこちらを見すえているだけだった。

その目が急に細められたかと思うと、女性はパッとはじけたように満面の笑顔になり、まるでタイミングを合わせたみたいにまわりの他の人たちも目を細めて満面の笑顔になったのだという。

そしてぞろぞろと列をなしてこちらに歩いてくるそぶりを見せた。

彼らの笑顔があまりに恐ろしかった伊寿美さんは、小さく悲鳴を上げながら全力で走ってその場を逃げ出した。


ようやくいつもの道に出て、息を切らせながら背後に誰もいないことをたしかめると、伊寿美さんははすぐに貴子に電話をかけてみたという。

呼び出し音が一分以上続いたあとやっと電話に出た貴子は眠たそうな声だった。

「あっごめん寝てたの？」

「うん、でもありがとう起こしてくれて。今昼寝しててさあ、すごく嫌な夢見てたんだ」

そう言って親友の語ったところによれば、夢の中で彼女は老若男女合わせた十数人ほどの集団に体を無理矢理ロープのようなもので縛られ、自由を奪われた上に頭に袋を被せられそのまま地面に掘られた穴に仰向けに突き落とされたところだったという。

「上からどんどん土を被せられる音と感触があって、泣き叫びながらもう駄目だ埋められちゃうって絶望してたとこなの。そこに電話が鳴って目が覚めたんだよね、だから伊寿美は命の恩人だよー」

冗談めかして話してはいたが、早口で一気にまくしたてる口調からは本当に怖い夢だったことがひしひしと伝わってきた。

伊寿美さんはつい先ほど広場で会った集団のことを思い浮かべ、電話を持つ手が冷たくなっていくのを感じていたそうだ。

先輩のボトル

若手社員だった頃、健治さんは同期の人たちと仕事帰りに酒を飲んで、他の者たちが帰った後まだ飲み足りなかったので一人で夜の町を歩いていた。

何ヶ月か前に同じ課の先輩に連れてきてもらった店がこの辺りにあったはずだと思い、細い路地を歩いていくとはたして見覚えのある看板が路上に出ている。

恐る恐るドアを開けたらやはり見覚えのあるママさんがいて、しかも健治さんのことを覚えていてくれたようなのでほっとしてカウンター席に座って飲み始めた。

「今日はNさん一緒じゃないの？」

最近ちっとも来てくれないのよねNさん、とママは先輩社員の名を言って笑っている。

そのうち「これもう期限だから飲んじゃいましょう」と言いながらママが先輩のボトルを出してくれて、勝手に飲んだりしながら楽しい時を過ごして健治さんはタクシーで帰宅したそうだ。

週が明けて会社に出勤すると、先輩と顔を合わせたので健治さんは声をかけた。

「すいません、こないだ一人で○○○に行ったんですけど。Nさんのボトルもう期限で流すからってママが言うんで、勝手に飲ませてもらっちゃいました」

そう謝る健治さんを見て先輩は首をかしげていた。

そんな店は知らないぞという反応だったので、店名を間違えたかなと思った健治さんは、

「前にCさんの送別会の後連れてってもらった店ですよ、ほら××駅の北口の飲み屋街からもっと裏路地に入ったところで……」

くわしい道順を話しても訝《いぶか》しげな顔をしているので、じゃあ今日帰りにでも行ってみましょうという話になったそうだ。

だが退社後に目的の駅で降りて、にぎわう飲み屋街から裏路地に入っても先輩はまだ「知らないよこんな場所」「誰か別の人と間違えてるだろ」などとぶつくさ言い続けている。

健治さんにしてみれば人違いなどはありえないほどはっきりした記憶だし、そもそも店

のママのほうからNという名前を出したのだから、先輩のこの態度はまったく不可解としか言いようがなかった。

やがて店の看板が見えるところまで来たとき先輩は急に立ち止まり、どうしたのかと健治さんが振り返って見れば大きく目をむいた先輩の顔色が夜目にも土のようだった。

「ここ夢で来たことがある」

そうつぶやいた先輩の声はかすかに震えていたという。

「何言ってるんですか、夢じゃなくて現実におれを連れて来てくれたじゃないですか」

そう言いながら健治さんは店の前に立って、ドアを開けようとしたがびくともしない。

「休みなのかな」

首をかしげていると背後で先輩が、

「やめろ」

かすれてほとんど聞き取れない声でそう言った。

かまわずドアを押したり引いたりしていると、ふいに向こう側から押されたようにドアにわずかな隙間ができて路地に光が漏れた。

ところが隙間から覗いた店内は妙にがらんとしていて、人気《ひとけ》がないどころか椅子やテーブルその他備品が何もないように見える。

ほんの数秒のことでドアはふたたび閉じて、後はもういくら引いても開かなかった。

「夢と同じだ……」

先輩がそうつぶやくのが聞こえた。

途方に暮れた健治さんが振り向くと先輩は背を向けて路地を出て行こうとしていた。

あわてて後を追ったけれどいくら話しかけても返事をしてくれず、健治さんと目を合わせようともしなかった。


翌日から職場でも先輩は健治さんのことを無視してあからさまに避けるようになった。

その後N先輩とは二年ほど同じ会社にいたが、顔を合わせても恐らく一度も口を利いていないはずだという。

ちなみに店は実在してその後も健治さんは時々通ってはそのたびママに「次はNさんも連れてきてちょうだいよ」と言われ、笑ってごまかしていた。

だがあの晩先輩と店の前まで来ていたこと、ドアの隙間から見えた店内ががらんとして何もなかったことについては、一度だけ口にしたところ店の空気が変わってママが黙り込み、しばらくして何事もなかったように不自然に話題を変えられたという経験があった。

以後、健治さんはそのことを店で絶対に話題にしないようにしていたそうだ。

泥棒池

会社社長の太一さんの生家があった場所は今は十階建てのマンションが建っているが、マンション建設の際に一緒に埋め立てられてしまった池がかつては家の裏手にあった。

その小さな池のことをかつて太一さんのお祖父《じい》さんは〈泥棒池〉と呼んでいた。

名の由来は、家の中で何か物がなくなるとしばらくしてその池の水に浮かんでいたり沈んでいるのが見つかる、ということがたびたびあったからである。

お祖父さんが子供の頃にはすでにそういう現象が起きていたようで、幼いお祖父さんがいたずらで池に投げ込んでいるのだと疑われて親にそのたび叱られていたらしい。

だが子供が運ぶのは無理な大きな甕《かめ》が紛失し、数日後に池の底に沈んでいるのが見つかったことでその濡れ衣はようやく晴れた。

以後も同じようなことは続き、犯人がわからないまま数十年の月日が過ぎて、お祖父さんが亡くなってからも数年に一度くらい家の中の何かがなくなって、池を探すと見つかるということが続いていたのだ。

池に〈泥棒〉されるものはさまざまだったが、たいていは灰皿とかビデオのリモコンといった小さなもので、今までで一番大きいものとしては先述した甕の他にはテレビ本体というのがある。

太一さんの父親が就職して間もない頃、まだかなり高価だった白黒のテレビを最初のボーナスで無理して購入したのだが、家に届いてからひと月も経たないうちにある日居間の定位置から忽然《こつぜん》と姿を消し、まさかと思いつつ探したら裏の池に水没していたそうである。

これにはさすがに激怒した父親は、もともと〈泥棒池〉の逸話に懐疑的だった（野良猫か近所の誰かの仕業だと疑っていたようだ）こともあって、この件を警察に届けたらしい。

ところが話を聞いた警官はあからさまに家の人間の犯行を疑う態度を取ってくるし、当時まだ存命だった祖母には「池に盗られたもののことは、お供えしたと思ってあきらめなさい」と諭されるしですっかり臍《へそ》を曲げてしまった太一さんの父親は、家族の反対を押し切って池の埋め立てを決断すると知り合いの業者に工事を依頼してしまった。

だが埋め立ての日が近づくと父親は奇妙な夢を見るようになった。

寝ている自分の布団のまわりを誰かがぺたぺたと歩きまわる気配がして、何ごとかと身を起こそうとするが縛り付けられたように体を動かすことができない。ぺたぺたという気配は夜通し続いて気がついたら朝になっており、ほとんど眠れなかったと思うのだが隣で寝ていた妻に言わせると「夜中に何度か起きて顔を見たけれどぐっすり熟睡していた」という話で、どうやらすべては夢だったらしいのだ。

そしてそんな夢を連日にわたって見たので、埋め立てを決めたことと何か関係があるのでは？ と父親はさすがに不安になってきたようだ。

そこへ工事を依頼した知人から「ちょっと相談したいことがある」と連絡があり、仕事帰りに待ち合わせるとこんな話を聞かされたという。

「こんなことを言うと笑われるかもしれないが、最近家で妙なことが起きてるんだよ。朝起きると家の床や畳に足跡のような染みがついていて、落としても落としても次の朝にはまた足跡だらけになってるんだ。でも施錠はちゃんと確認してるし、そもそも玄関や窓の付近に染みはなく、なぜかおれの寝ている周囲にばかりついてるんだよね。子供みたいに小さくて、でも人間にしては横に広すぎるというか、とにかくそれが何だかわからないんだよ」

知人はこの異変が起き始めたのが、池の埋め立ての依頼を引き受けてからだと気づいたようだ。

「お宅の池はいろいろといわくつきだとも聞いているし、ちょっとこれは警告と言ってしまうと迷信だと笑われるかもしれないけど、何か池と関係あることじゃないかと思ってね。あそこを埋め立てるのをやめろとは言わないが、このままうちが気軽に請け負っていい仕事なのか迷っているところだ。できれば少し考え直してみてはどうか」

太一さんの父親はすっかり驚いてしまって、自分が見ている夢のことを相手に打ち明けた。そして「これは偶然では片づけられないだろう」と話しあった末に工事の中止を決めて帰ってきたのである。


以後ふたたび父親の口から池を潰すという話が出ることはなく、両親の死後に太一さんがその家を手放すまで池は実家の裏手に存在していた。

手放した家が解体されその土地にマンションが建設されるまでの間、いつ頃池が埋め立てられたのか太一さんは知らない。

ただ一度だけ明け方に目を覚ますと引っ越してきたばかりのマンションの部屋が泥臭く、明かりをつけて確かめたところ床の一か所にぽつんと黒い水たまりのようなものができていたことが当時あったという。

経験した異変はその一度きりだったのだが、もしかしたらそれが〈泥棒池〉が埋め立てられる日の朝の出来事だったのではないかと、太一さんはひそかに思っているそうだ。

六年間

以前水戸くんが旅先で古書店を見つけて立ち寄ると、少し前のベストセラー本が並んでいる棚に水戸くんの通っていた小学校の卒業文集が混じって売られていた。

しかも卒業年度を見るとどうやら水戸くんの卒業した年のものらしい。まさかと思ってページをめくったら知っている名前が次々と現れ、もちろん水戸くん自身の作文も掲載されていた。

だがそれは「六年間」というタイトルと自分の名前の後にたった一行、

〈たくさん死んだたくさんお葬式にいきましたたのしかったね〉

そう書かれていてあとは空白という代物だったという。

そんなふざけた作文を彼は書いた覚えがなかったし、書いたとしても先生に叱られて書き直させられるにきまっている。だが手書きがそのまま印刷されている筆跡はたしかに水戸くん自身のものだった。

わけがわからない、何なんだこれはと思いながら水戸くんはその文集を買った。たしか二百円くらいだったはずだという。

けれど旅の途中で電車内に忘れてそのまま出てこなかったバッグの中に、その文集は入れてあったので今はもう手元にはない。


のちに実家に帰った際あらためて卒業文集を見つけて読んでみたところ、表紙もまるきり同じその冊子に掲載されている水戸くんの作文はタイトルこそ同じだがごく平凡な長さと内容だった。

ごく模範的な文言で六年間の思い出を振り返ったもので、ならば他の生徒の作文と間違えたのでは？　とひととおり眺めてもあのように一行で書かれたものは結局ひとつも見当たらなかった。


ちなみに小学校の六年間に、水戸くんの同級生や担任の先生などが多く病気や事故によって亡くなっているのは事実らしい。
葬式には少なくとも十回以上出たはずだという。

スカジャンの男

主婦の徳本さんが住むマンションのふたつ隣の通りに、一階部分がゴミ屋敷のようになったアパートがあった。

建物前に異臭のするビニール袋を城壁のように積み上げている住人はアパートの大家の息子で、そんな状態だから他の住人はみんな出ていって空室だという話である。

たまに徳本さんがそのアパート前を通りかかることがあると、ブロック塀に取り付けられた〈カメラ二十四時間監視中〉〈ドロボウ即刻通報〉といった手書きの看板が目についた。

どうやら積み上げられたゴミが盗まれるのを恐れているらしいが、見たところ実際に監視カメラが取り付けられている様子はなかった。

ただ時々ゴミ山の前で仁王立ちしている、ピンクのスカジャンを着た四十男がいて、どうやらそれが大家の息子でありゴミを監視しているつもりらしい。

男が立っているときは徳本さんは建物のほうを見ないようにしてそそくさと前を通り過ぎた。

そのスカジャン男と一度だけ別の場所で出くわしたことがあったという。

最寄り駅の反対側の、普段はあまり行かない界隈に知人に誘われて食事に出かけたときのこと。

少し遅い昼食を終えてお茶を飲みながらおしゃべりしていると、入口の自動ドアが開いてスカジャン男が一人で入ってきたのだ。

徳本さんはびっくりして目で追ったが、男はアパート前で仁王立ちしているときのようなピリピリした雰囲気ではなく、いかにも常連客らしいくだけた口調で店員に声をかけながら勝手に徳本さんからもよく見える二人掛けの席に、壁を背にして座った。

「いやあ、月がでかくってさあ、びっくりしちゃったよー。こんなんだったんだぜ」

男は両手で丸い形をつくりながら、若い女性の店員に向かってそう話しかけている。

ところが店員はなぜかまったく反応せず、上の空のような顔でどこかよそを見ていた。

それがわざと無視しているという感じではなく、まるで話しかけられていることに気づいてないように見えた。男とは二メートルほどしか離れておらず、店内は静かで男の声だけが響いている状態である。

「何あの客、すごく馴れ馴れしい」

友人が小声でそう言って顔をしかめているので、徳本さんは男の素性について教えてあげた。

「えーっそんなやばい人なの？　じゃあ無視されたら怒ってそのうち暴れ出すんじゃない？」

たしかにそのことをさっきから徳本さんも心配してひやひやしているのだが、相変わらずスカジャン男は機嫌よさそうに一人で話し続け、店員はそれに無反応などころか、男のテーブルにお冷《ひや》を運んだり注文を取りにいく素振りさえ見せなかった。

「月がでかくってさあ、こんななの。ほんとだよ、びっくりだよあんなの見たことないよー」

男は同じことを何度も何度もくりかえししゃべるだけで、いっこうに話が先に進まない。

そんな男を空気のように無視してそっぽを向いている店員。

徳本さんはそのちぐはぐな状況にいたたまれず、友人と目配せして席を立ち上がると会計を済ませて、店の外へ出た。

会計のときちらっと視界に入ったスカジャン男は、レジ打ちのため店員がその場を離れているにもかかわらず、誰もいない空間に向けてそれまでどおり話し続けていた。


「なんで無視してたんだろう店の人」

「関わらないようにしてるんじゃない？　毎日来てああやっておしゃべりして、何も注文せずに帰るのが日課になってるんじゃないの」

「追い出せばいいのにねえ、他の客の迷惑なんだから」

「下手に追い出そうとすると暴れるとか」

「そしたら警察呼べばいいじゃない。あ、そうか案外オーナーの知り合いとか親類だったりして」

「あと何か弱みでも握られてるのかもね」

そんなふうに男の噂話をしながら家の近くまで帰ってきて、徳本さんはふと通り沿いの高層マンションに目を向けた。

緩く曲がった道の先に立ちはだかる建物の陰から、何か白い大きなものがはみ出ているように見える。

「あの男、月がでかいって言ってたでしょ」

隣でやはりマンションのほうを見すえている友人がそうつぶやいた。

「えっそれはでも、あの男がちょっとアレな人だから言ってただけで……」

そう答えつつ徳本さんはにわかに早足になり、友人も横から追い抜かんばかりに駆け出していた。

するとマンションの建物が徐々に視界を左にずれていって、その背後から月の半分ほどが姿を見せていた。

だがそれは徳本さんの知っている月ではなかった。

ひと回りふた回りではきかない異様な大きさがあったうえに、真ん中あたりに人間の目玉のようにも見える紡錘形のクレーターがぽつんとひとつ浮いていたのだ。

「何これ！」

「変！　ありえないって！」

大騒ぎしながら、なおもその巨大な月の全体が見えるところへ行こうと二人は駆けた。

だが走るのに向かない靴だった徳本さんはつんのめって地面に転んでしまい、その巻き添えを食って友人も路上に倒れて両膝をついた。

「ごめんなさい！　大丈夫？」

「うん平気だから、それより見て！」

友人が指さすほうへ顔を向けると、高層マンションが聳《そび》える横にひろがる青空には、見慣れた白い満月が浮かんでいた。

「さっきのでかい月は？」

「ないみたい」

「消えたのかな」

「ていうか、元通りに縮んだ？」

二人は呆然としてしばらくその〈普通の月〉を見上げていたという。


「考えたらその道って駅方面への抜け道に使われてて、交通量がけっこう多いんですよね。だけど私たちが大きな月に夢中になってたときは夜中みたいに全然車が来なかったんです。二人で車道の真ん中を走ってましたから」

だからあのときはもしかしたら、スカジャンの男の頭の中にうっかり迷い込んでいたのかもしれない。

「あのまま転ばずに行っちゃったらそれきりもどってこれなかったんじゃない？　なんて後で友達と話したんですよねえ」

そう真面目な顔で語る徳本さんは、以後は例のゴミアパートの前はけっして通らなくなったけれど、噂では今も男は同じピンクのスカジャンを纏《まと》って、ゴミの監視を続けているのだそうだ。

テレビの話

将幸さんは八年ほど前、中古家電などを売る会社でバイトをしていたことがある。

実店舗はなく通販だけの小さな会社なので、倉庫と事務所が一緒になった場所で彼はおもに商品の梱包作業をしていたのだが、隣の事務所に商品へのクレームの電話がかかってくることが時々あった。

電話は社長か古参の従業員が取るので将幸さんは直接聞いたことはないが、クレームの半分以上は同じ人からのもので相手はおそらく八十歳くらいの男性。内容は毎回決まって「おたくで買ったテレビに妙な顔が映っておれを睨んでくる。何とかしてくれ」そうひたすら訴えるのだという。

たしかにその会社ではテレビを販売しているが取り扱い量が多すぎてそれだけではどの購入者なのかもわからない。そこでくわしいことを聞こうとすると老人は質問を無視して同じ訴えを繰り返し、「まだ睨んでおる、早くあれを消してくれ」などと言いながら最後には一方的に電話を切ってしまう。

なので着信記録にあった番号に折り返しこちらからかけ直すと、いくら呼び出しても絶対に誰も電話に出ないのだという。

嫌がらせの電話なのかとも思うが相手はあきらかに高齢者だし、実際の購入者が認知症のせいでそういう不可解な電話をかけてくるのかもしれないから、社長は根気よく対応していたようだ。

だが相変わらず老人は肝心な情報を何も教えないまま電話を切ってしまう。

だからそのうち社長もあきらめてその老人から電話がかかってきたときは「気が済むまで話を聞いてあげる」という態勢で受け答えをするようになった。

そもそもクレームの内容が不可解というか、画面に顔が映るというのがどういうことなのかわからないし、単に老人だから伝えるのが下手という話ではないように思える。それ自体が認知症の症状で妄想なのでは？　そう思って将幸さんが口にしたところ社長は、

「でも前にも似たようなクレームが入ったことあるんだよな」

浮かない顔で言ったそうだ。

まだ将幸さんがバイトに入る前のことだが、地元の病院が入院患者用のテレビを入れ替えるというので、いらなくなった古いテレビを社長が数十台まとめて買い取ったことがあった。

そのほとんどは後に市内にある老人ホームに販売したのだが、納品してしばらくすると「画面に顔が映る」と訴える入居者が続出しているというので、社長自ら調査に出向いたことがあったという。

すると異常を訴えられているテレビは一台や二台ではなく、訴えている老人には認知症の人もいたが、そうでない人もいるようだった。結局画面の異常自体は再現性がなく原因も不明だったので、施設の職員と相談して入居者から指摘のあったテレビだけ別の物と交換することになった。

以後その老人ホームからは何も苦情などはないが、このとき引き取ってきたテレビを念入りに調べてもやはり問題が見つからないのでふたたび無関係な個人に販売したところ、またもクレームが入って返品されたらしい。

クレーム内容は老人ホームのときとほぼ同じで「画面にテレビ番組と無関係な顔のよう

なものが映る」というものだったという。

「とにかくうちでいくら調べてもそんな顔なんて映らないし、呆けたおじいちゃんおばあちゃんが画面に自分の顔が映ったのを見て騒いだんじゃないか？　としか言いようがないんだよな。個人でクレームつけてきたほうの家もおもにおばあちゃんが見てて騒いだらしいからね」

でも偶然にしてもそんなふうに連続するのは気味が悪いし、そもそもの仕入れ先が病院だったことから「亡くなる前にこのテレビを見ていた人もいっぱいいるんだろうなあ」という事実に社長は思い至ったのだそうだ。

以後はそれらケチのついてしまったテレビは商品カタログから外し、分解して部品としてリサイクルしたとのことである。


そんなこともすっかり忘れていたのに、最近になって例のクレーム電話がかかってくるようになったとのことだ。

「もしかしたらあのときの老人ホームの入居者なのかなと思って、ホームに問い合わせてみたんだけど該当しそうな人はいないみたいだった。それにどうやらうちが納品したテレビはもう使ってないみたいで、ホームからさらによその業者に買い取られたテレビがどこかで現役の可能性もあるけど、それを買った人からうちにクレームが来るわけがないしね」

そのとき隣の事務所で電話が鳴り出したので、社長はやれやれといった顔で肩をすくめ、作業場から出ていった。

応対する社長の声が聞こえてくる。

その声がだんだん小さくなり、消え入りそうな調子でぼそぼそ何か言うのが聞こえていたかと思うと、やがて社長が真っ青な顔をしてもどってきた。

どうしたんですか、いつもの爺さんじゃなかったんですかと将幸さんたちが訊ねると、

「そうだよ」

とひと言答えた後はため息をつくばかりで社長は上の空な様子だった。

それから事務所に老人からのクレーム電話は一切かかってこなくなったようだ。

最後の電話の内容が気になるところだが、社長はなぜか口を閉ざして教えてくれなかった。

それどころかその日以後社長はすっかり無気力になってしまい、無断で仕事を休むなど業務を混乱させた挙句に仕事を半ば投げ出すような形で会社を畳んでしまった。

のちに将幸さんが人づてに聞いた話では、どうやら社長はメンタルを病んでしまったらしく、しばらく入院した後で奥さんの実家で静養しているということだった。それ以上詳しいことを知る立場に将幸さんはないが、噂では静養中の社長はなぜか鏡をひどく恐れているとのことだった。

自分の顔が映るものを見ると何でもすぐに破壊しようとするので、家族が大変困っているという話である。

「まあ会わせてもらえないから社長が本当にどんな状態なのかは、知りようがないんだけど」

そう将幸さんに語ってくれた元従業員は、浮かない顔でこう付け加えたそうだ。

「おれも最近テレビとかパソコンのモニター見てると、何か顔のようなものが映った気がして、後ろを振り返っちゃうことがあるんだよな。社長のことがあるから身近にいて影響受けちゃっただけかもしれないけどね……」

そんな話を最後に聞いたのが六年前で、現在彼らがどうしているのか将幸さんは知らない。

マネキン

誠太さんが学生時代を過ごした町に、カウンターだけの小さなカレーショップがあった。

あまり流行《はや》っていない店だから楽かなと思って誠太さんはそこでバイトを始めたそうだが、店長が偏屈な変わり者で性格的に合わなかったのですぐに店を辞めてしまった。

辞めてしばらく経った頃に店長から電話があり、事務所に忘れ物があったから取りに来てくれという話だった。

具体的に何を預かっているのか訊く前に店長は電話を切ってしまった。誠太さんには心当たりの物は何もなかったが、どうせ近所だからと思ってすぐに自転車に乗るとひさしぶりに店に顔を出したという。

すると店長は店の奥から黒いビジネスバッグのようなものを持って現れ無言で差し出

した。

これ違いますよおれのじゃないです、と誠太さんが首を横に振っても「いや、きみのだろう」とまるで聞く耳を持たずバッグを胸先に押しつけるように差し出してくる。

気圧《けお》されて思わず受け取ってしまった誠太さんを残して、店長はカウンターの奥の小部屋に引っ込んでしまった。


バッグはいかにも安っぽい合皮でしかも古びて大きな傷がついており、くたびれた中年のサラリーマンが持っていそうな代物だ。

あきらかに自分の持ち物ではないし、客の忘れ物じゃないのかと誠太さんは訝《いぶか》しんだが、このまま店に置いていくとまた店長から電話がかかってくる気がした。それはうざいなと思った彼は帰りにどこか路上にでも適当に放置していこうと思って、バッグを前籠に放り込むと自転車に跨《またが》った。

だが結局のところ人目が気になって、バッグを捨てられないままアパートに着いてしまった。

誰の物とも知れない薄汚れたバッグを部屋に持ち込む気はしなかったので、誠太さんはそのまま自転車を走らせるとアパートを通り過ぎ町はずれの雑木林のほうに向かった。

林の中の道を進むと少し開けた場所があって、不法投棄のテレビや洗濯機などが草に埋もれるように打ち捨てられていたという。

その隅の方に肌色をした人の手足のようなものが覗いていたので一瞬ぎょっとしたが、近くでよく見るとそれは数体のマネキン人形が折り重なるように捨てられていたのだった。

誠太さんはビジネスバッグをマネキンの近くの草の上に放り投げ、すぐにその場を立ち去った。


翌日の昼前、誠太さんは枕元の携帯電話が鳴る音で目を覚ました。

見ると例のカレーショップからだったので嫌な予感がして、出るかどうか迷ったけれど結局誠太さんは端末を手に取り通話ボタンを押した。

「だめじゃないか忘れ物置いていっちゃ！　じゃまなんだよ、必ず取りに来いよ」

店長の苛立《いらだ》った声がいきなりそう聞こえてきて、すぐに電話は切れてしまった。

誠太さんはしばらく携帯を手にしたまま呆然としていたが、午後大学へ行く途中にわけがわからないまま自転車でカレーショップに立ち寄った。

するとと店長は待ち構えるように店の前に仁王立ちしていて、その腕には昨日林に捨ててきたはずの黒いバッグが抱えられていたという。

目立つ傷がついているから間違いない。そのバッグを無言で誠太さんの自転車の前籠に突っ込むと店長は奥に引っ込んでしまった。


誠太さんは混乱した頭を振り絞って考えてどうにか、

「とにかくこのバッグは自分のではないのだから持ち帰る必要はない」

ということだけ結論として導き出すと、バッグを抱えて店に入った。

するとカウンターの奥の小部屋にいる店長の横顔が戸口から覗いていて、その満面の笑顔にとまどいつつ向かいを見ると誰か人が立っている。

と思ったのだが、それはよく見ると人間ではなく等身大のマネキン人形だった。

髪の毛もないつるっとした頭の裸のマネキン人形が店長と向き合って、まるで談笑しているような格好で小部屋に置かれていたのだ。

「まったく使えない馬鹿なバイトなんでね、クビにした後も手がかかってしょうがない」

店長はマネキンに向かって常連客にでも話しかけるような口調でそう言った。

するとまるで返事をするように「きーきー」とネズミが鳴くような音が聞こえてきた。

それが誠太さんにはマネキンの首から出ている音のように思えたという。

「馬鹿だから忘れ物していって、渡したのに持って帰れないんですよ馬鹿だから」

きーきーきー。

マネキンは音を出しながらかすかに首を上下させているように見える。

「商売っていうのは馬鹿との戦いですよ。客も馬鹿だし従業員もみんな馬鹿」

きーきーきーきー。

「未練がましくこっち見てるでしょあの馬鹿、あんな馬鹿もう絶対雇いませんけどね」

きーきーきーきーきー。

相槌を打っているマネキンの首が突然くるっと回って誠太さんのほうを見た。

その顔が溶けかかったような笑顔に変わっていたので誠太さんは悲鳴を上げて店を飛び出した。

翌日、店の閉まっている時間にそっと来てみると誠太さんの自転車は昨日のまま歩道に止めてあり、前籠にはあのビジネスバッグが突っ込まれていたという。

しかたなくバッグを入れたまま自転車を引いて帰宅すると、誠太さんはアパート前のゴミ集積所にそのバッグを放置した。

指定のゴミ袋に入れておかなかったのに、なぜか翌日には他のゴミとともに消えていたそうだ。

一宿

二十年以上前のことでくわしい経緯は忘れてしまったそうだが、久史さんは旅先で友人から紹介された人の家を訪ねて泊まらせてもらったことがあった。

夕食後に訪問し、ただ寝床を借りただけという形だったが、その家の五十代くらいの夫妻とは地酒をいただきながら少し話をした。二人はともにかつて東京に住んでいたとのことで、久史さんに東京のいくつかの場所についての思い出を語り、それらの場所が今どうなっているのかを訊ねてきた。

奥さんのほうは都心の有名なデパートで働いていたことがあるらしく、久史さんがそこの食料品売り場をたまに利用することを言うと、

「今度行ったら四階の男子トイレを覗いてごらんなさい。理由は行ってみればわかるから」

そう何やら意味ありげなことを言ってほほ笑んでいた。

旅から帰ってきた頃にはそのことをすっかり忘れていたのだが、一年くらい後になぜか急に思い出して興味が湧いた久史さんがそのデパートを訪れると、ちょうど改装工事をしていて中に入ることができなかった。

それでまたしばらく忘れていて、数年後に付近を通ったときにふたたび思い出した。そのときには記憶もやや曖昧でたいして興味も持てなかったのだが、ついでだからと一応エレベーターに乗って四階で降りると、案内表示を見てトイレに向かった。

男子トイレに足を踏み入れると、久史さんは一瞬「まちがえた！」と思って慌てて引き下がったという。

奥の壁を背にして女の人が一人立っていたのである。

だが入口の表示は確かに男子トイレだし、考えてみればずらっと小便器も並んでいたはずだ。そう思って改めて覗くと、やはり同じ場所に女の人が立っていた。だが今度は別の意味で驚いて久史さんは自分の目を疑った。

その女の人は、ここのトイレを覗いてみろと言っていた本人、つまり旅先で泊めてもらった家の奥さんだったのだ。

しかも着ている服もエスニックな柄の青いゆったりとした上下で、泊めてもらっていた日に着ていたものと同じに見える。

名前も咄嗟《とっさ》に思い出せないその人を前に久史さんは言葉をなくし、おろおろと見つめるばかりだったという。

「おひさしぶりです。でもどうして？」

久史さんがやっとそれだけ声をかけると、女の人はたった今彼の存在に気づいたかのようにこちらを見た。

このときの感覚はどうにも説明しがたい不思議なものだったと久史さんは語る。

つまり本当は自分は某デパートの男子トイレの中などにはおらず、今も数年前に旅先で泊めてもらった見知らぬ家のリビングにいて、その家の奥さんである目の前の女性と話している最中なのだという感覚に一瞬襲われたのだ。

このめまいのような体感に思わず目を閉じて頭を振り、ふたたび目を開けたときには女の人の姿は消えていた。

にわかに恐怖がこみ上げてきて久史さんはトイレを飛び出し、デパートの外に逃れたという。

おもての雑踏に紛れると、たった今目にしたものが夢だったように思えるが、飲んでもいない酒の味が口腔に広がっていることが久史さんは気になってしかたなかった。

あの晩ご馳走になった地酒の味と香りにしか思えないそれは、しばらく舌の上に生々しく残っていたそうだ。

骨壺

丸田さんの同い年の友人が若くして病気で亡くなって、一年後に彼の夢枕に立った。

「どうしておれだけずっと暗いところにいるんだ出してくれ、女の一杯いる所に連れてってくれ」

懐かしい友が泣きそうな顔で訴えたのでそれもそうだなと思い、さっそく墓に行って丸田さんが石をずらして骨壺を取り出そうとしているところを、ちょうどその場を訪れた共通の友人であるSに見つかって止められた。

実はSもまったく同じ夢を見て友人の骨を持ち出そうと墓地に来たのだが、白い壺を抱えた丸田さんの姿を目の当たりにして急に正気に返ったのだという。

たぶん丸田さんたちと同じ夢を見た者は、他にも最低一人はいたのかもしれない。

というのも翌年の命日に墓参りに来た家族が中を確かめたところ、友人の骨壺は何者かによって盗まれているのがわかり、二十八年経った現在も行方不明のままだからである。

福澤徹三

ふくざわ　てつぞう

福澤徹三（ふくざわ・てつぞう）

福岡県生まれ。2000年『幻日』（文庫化の際『再生ボタン』と改題）でデビュー。怪談・ホラーからアウトロー小説まで多彩な作品を発表。2008年『すじぼり』で第10回大藪春彦賞を受賞。怪談実話集としての著書に『怪を訊く日々』『黒本 平成怪談実録』『いわくつき 日本怪奇物件』『黒い百物語』『盛り塩のある家』『忌談』（全5巻）、『怖の日常』などがある。

黒い染み

主婦のMさんの話である。

Mさんが二十五歳のとき、父が急な病で亡くなった。

まだ働き盛りの年齢とあって、Mさんはもちろん家族や親戚は悲しんだが、四十九日をすぎた頃にはようやく落ちついてきた。

そんなある夜、Kさんという女性が不意に訪ねてきた。

Kさんは高校時代の同級生だが、当時も親しかったわけではなく、卒業後は交流が絶えていた。それだけになんの用件か訝《いぶか》っていると、

「あなたのお父さんが亡くなったでしょ。だからきたのよ」

Kさんは玄関先でそういった。

そのときは仏壇に線香をあげにきたのかと思ったが、家にあがろうとしない。玄関先に

突っ立ったまま、化粧気のない顔でこちらを見ている。髪を無造作に後ろで束ね、洗いざらしの白いワンピースに、履き古したスニーカーという質素な恰好だ。

父が亡くなったのは親しい友人にしか伝えていない。その友人とKさんは接点がないはずなのに、誰から父の死を聞いたのか。Mさんがそれを訊くと、

「あなたのお父さんからよ」

「えッ」

「あなた、ご先祖さまを正しく供養してないよね」

「――どういうこと?」

「ご先祖さまを正しく供養してないから、お父さんは霊界でものすごく苦しんでる。だから、あたしに助けてくれっていってきたの」

意味不明なことをいわれて当惑した。

ただ高校時代の記憶をたどると、Kさんは当時も霊感が強いと自称していて、一部の同級生から人気があった。Mさんはそういう方面に興味がなかったし、奇妙な言動になじめなかったせいで距離を置いていた。

Kさんが誰から父の死を聞いたのかわからないが、もし霊界があったとしても父が彼女

に助けを求めるとは思えない。

しかしKさんはそんな思いを察する様子もなく、

「このままだと、お父さんは霊界で苦しみ続ける。お父さんの苦しみは子孫に降りかかるから、あなたはますます不幸になる」

低い声で、ぶつぶつつぶやいている。

自信に満ちた表情が不気味だったが、しだいに腹がたってきた。いきなり家を訪ねてきて、父が苦しんでいるだの、あなたは不幸になるだのといわれるのは心外だった。

じゃあ、とMさんは尖った声でいって、

「どうすればいいのよ」

「だからいってるでしょう。ご先祖さまの怒りを鎮めるために、正しく供養するの」

「うちは仏壇も毎日拝んでるし、ちゃんとお墓参りもしてる。なのに、ご先祖さまが怒ってるっていうの」

「そう。だって、あなたのお父さんが苦しんでるから」

そういわれたとたん、かッと頭に血がのぼった。

「もし父を苦しめるようなご先祖さまなら、こっちから縁を切らしてもらうわッ」

「そんな恐ろしいこと、いっちゃだめ」

「なにがだめなのッ」

「だから、ご先祖さまを正しく供養しなきゃ――」

Kさんはそこまでいうと、なにかに驚いたように眼を泳がせた。

次の瞬間、ぎゃあッ、と悲鳴をあげてよろめいた。

Kさんはそのまま玄関の外まで後ずさって、勢いよく尻餅をついた。まるで誰かに突き飛ばされたような転びかただった。

「どうしたのッ」

驚いて駆け寄ると、Kさんのワンピースの両肩に、大きな黒い染みがついている。ついさっきまでそんなものはなかっただけに、気味が悪かった。

わけのわからない事態に動揺しつつも、Kさんを抱き起こそうとした。

しかし彼女はおびえた表情でかぶりを振って、逃げるように帰っていった。

「あの黒い染みは煤《すす》みたいで、手の跡に見えました」

とMさんはいったが、どうしてそんな跡がついたのかわからない。

後日、人づてに聞いたところでは、Kさんはある新興宗教の熱烈な信者で、高校の同級生をしきりに勧誘していたという。

木箱の用途

主婦のTさんの話である。

Tさんはアンティークが好きで、宝石箱や道具箱といった古い木箱を集めるのが趣味だった。骨董市やフリーマーケットを覗いては、めぼしい木箱を買い求めてくる。

「木箱ばっか集めても、ただ見るだけで使い道あれへんけどね」

四年ほど前、Tさんはある寺で定期的に開催される骨董市にいった。

広い境内にはテントがいくつもならび、本格的なアンティークから古着、レトロな日用品まで、さまざまな商品が売られている。

ぶらぶら歩きながらそれらを眺めていると、一軒の店が眼にとまった。テントの片隅に雑多な品物が積みあげられていて、そのなかに古い木箱があった。店側もどうせ売れないと思っているのか、うっすらと埃《ほこり》をかぶっている。

木箱は長方形で、大きさはティッシュペーパーの箱くらいだった。埃を払って蓋を開けたら中蓋のような板があって、丸い穴が五つ開いていた。なにかを差すような印象だが、中蓋らしきものははずれず、用途はわからない。

「これ、なんに使うんやろ」

店番の老婆にそう訊ねると、

「さあ、どこから仕入れたんかもわからんわ。好きに使《つこ》うて」

そっけない答えがかえってきた。

木箱の雰囲気はよかったし値段も安かったが、もともとの用途が知りたかった。

店先にしゃがんで木箱をいじっていると、長方形の短いほうの側面に指をかけるくぼみがあるのに気がついた。引出しかと思ってひっぱってみたら、すぽりと抜けた。

けれどもそれは引出しではなく、一枚の板だった。厚みは木箱の高さの半分くらいで、ちょうど中蓋の下に入る構造になっていた。

「いったい、なんなんやろか」

Tさんは首をかしげた。

板は木箱より何センチか短く、側面になにかをはめこんでいたような溝があるが、さっぱり用途がわからない。板を抜いた木箱のなかを覗きこむと、どす黒い染みがついていて、幽《かす》かになまぐさい臭いがした。

それが気持ち悪くて買うのをやめた。


その日の夕方、家に帰ると体調が悪くなった。

頭が重くて躯が熱っぽい。風邪のひきはじめかと思って薬を呑み、早めに布団に入ったが、熱はしだいに高くなり、ひと晩じゅう悪夢に魘《うな》された。

「どんな夢やったかおぼえてへんけど、めっちゃ怖かった」

翌朝、眼を覚ますと布団のへりを指が痛くなるほど握りしめていた。

幸い熱はひいて気分もよくなった。けれども、ひと晩だけ熱がでたのが、ふつうの病気ではないようで、かえって奇妙に感じられた。

どうして体調を崩したのか考えていると、あの木箱のことを思いだした。あの木箱の中蓋には五つの穴が開いていた。骨董市にいるときは気づかなかったが、中蓋の穴はちょうど指が入るくらいの大きさだった。

さらに引出し状の板には、なにかをはめこんでいたような溝があった。あの溝は刀の柄のように刃物をはめこむための溝ではないか。

「要するに、ギロチンみたいな道具やないかと思うて――」

木箱のなかのどす黒い染みやなまぐさい臭いは、それが使われていた頃のなごりかもしれない。もっとも、なんのためにそんな道具を作ったのかわからない。

Tさんはいまでも、その寺の骨董市に通っている。

そのたびに、あの木箱を売っていた店を探してしまう。それとおぼしい店はあったが、まだ木箱があるかどうかは怖くてたしかめられないという。

女系家族

会社員のNさんの話である。

彼女の実家は名のある旧家で、広大な敷地に豪壮な屋敷があった。手入れの行き届いた庭園と武家屋敷を思わせる日本家屋は、重要文化財の候補にあがるほどだった。そんな旧家とあってむろん裕福で、経済的にはなんの不自由もなかった。

ただ、どういうわけか代々の当主は短命で、しかも男児に恵まれない。典型的な女系家族で、しばしば養子をもらって家名を保ってきた。祖父も養子だったが、やはり子どもができず、遠縁の親戚から養子をもらい、それがNさんの父である。

父は三人の子どもを授かった。しかし三人とも女で、Nさんは三女にあたる。

代々の当主が短命というご多分に漏れず、三姉妹が成人した頃には祖父母も父も鬼籍に入っていた。長女は結婚して他県に引っ越し、次女はひとりで海外に移住した。

長女は実家をでたせいか、夫とのあいだに息子と娘が生まれた。

三女のNさんは母とふたりで暮らしていたが、庭や屋敷の管理は手間がかかるし、税金の問題もある。長女も次女も家を継ぐ気はないようだから、思いきって売りにだそうと話がまとまった。

ところが不動産会社と交渉をはじめた矢先、長女が急に帰ってきて、

「やっぱり売らないで。うちの家族がここに住むから」

といいだした。先祖から受け継いだ家を売らずにすむなら、それに越したことはない。

長女の家族が同居しても屋敷はじゅうぶん広いから、Nさんも母も反対しなかった。


それからまもなく、長女は夫と子どもを連れて実家に引っ越してきた。

しかし長女は実家の管理をするどころか、Nさんと顔をあわすたび、

「あんたもいい歳なんだから、ここに住まなくてもいいでしょ」

とげとげしい口調でいう。

実家で同居している頃、長女はそんなことをいう性格ではなく、不仲でもなかった。

Nさんは困惑したが、長女はひとが変わったように陰険で、早く家をでていけと連日の

ように責めたてる。母が取りなしても聞く耳を持たない。

Nさんはとうとう嫌気がさして実家をでると、県外のマンションでひとり暮らしをはじめた。長女はそれを待っていたように、実家の土地や建物を勝手に処分しだした。

N家には瓦屋根の大きな門と塀があるが、門のすぐ横に自分たちが住む住居を建てた。長女はそれができあがると同時に、屋敷と庭を潰して更地にするという。

「こんな広い庭はいらないから、分譲地にするのよ」

Nさんと母は、たとえ人手に渡っても実家を後世に遺したかっただけに反対した。海外に住んでいる次女に意見を求めると、やはり実家を壊すのは反対だった。

けれども長女は無視して工事を進め、母はやむなく長女の新居に移り住んだ。

やがて工事は完了し、かつての屋敷や庭の跡には建売住宅が十棟ほど建てられた。分譲価格は安いわりに入居者はすくなく、半分しか売れなかった。

わずか数年で実家は消え失せ、かつての面影は門とわずかに残った塀しかない。Nさんはそれを見るのがつらくて里帰りはしたくなかった。けれども母がいるから、ときどき顔をだしていた。

長女は新居に越してから女の子を産み、一男二女になった。

性格は以前にも増して居丈高になり、女王のように振るまっていた。

ところが新居に住んで二年が経った頃、まだ小学生だった長男が交通事故で死亡した。

それが原因かどうか、長女の夫は家をでていき、消息不明になった。

あとには娘ふたりが残されたが、長女はさして落胆するでもなく、

「ゆくゆくは婿をとらせて、N家の名を継がせる」

屋敷や庭を勝手に処分したくせに、いまさら家名にこだわりだした。

長女の態度は不可解だったが、もうひとつ不可解なことがあった。

かつての庭を分譲した建売住宅の住人は若い夫婦が多かったにもかかわらず、相次いで離婚した。どの夫婦も夫がでていき、妻が家に残っている。夫婦仲が継続している家も、子どもは女ばかりで男の子はひとりもいない。

「あの土地には、きっとなにかあるんだと思います」

Nさんはいま、結婚を前提に交際中の彼氏がいる。

しかし結婚しても、実家にはぜったい連れていきたくない。実家の土地に足を踏み入れたら、なんらかの原因で彼氏と縁が切れてしまう気がするという。

赤い服の女

出版社に勤めるOさんの話である。

二十年ほど前、大学生だった彼の地元に二階建ての借家があった。

借家といっても借り手はなく、長年にわたって放置されていた。

しかもその借家には、赤い服を着た女の幽霊がでるとか、どこかの部屋にピエロの絵があって、その絵が泣くという噂があった。

長年借り手がないのは、そんな噂が影響しているふしもある。借家の持ち主は近所に住む老人で、高齢のせいか改装する気もないようだった。

当時Oさんや同級生たちは麻雀に凝っていて、ひまさえあれば卓を囲んでいた。しかし雀荘は高いし、同級生のアパートや下宿先では音がうるさいとクレームがくる。

あるとき同級生のひとりが、あの借家を借りてはどうかと提案した。あそこなら一軒家だから、誰からも文句をいわれる心配はない。

そこで同級生が持ち主の老人に相談すると、

「おまえらなら、ひと晩ひとり五百円でええよ」

そう答えたという。

ひと晩五百円なら雀荘よりはるかに安い。幽霊の噂は耳にしているが、そんなものは信じていないし、麻雀ができるならどこでもよかった。

Oさんたちは喜んで、さっそく借家を借りることにした。老人に代金を払って借家に入ると、都合よく和室にコタツがあった。いまでこそ見かけないが、昔はコタツの天板を裏がえすと麻雀用のマットになった。

それ以来、Oさんたちは麻雀をするたび借家に集まった。

ただ麻雀をしている最中に牌《ぱい》がどこかに消えたり、牌がひとりでに卓から落ちたり、たびたび奇妙なことがあった。あるときは、みんなが牌山を積み終わったとたん、卓が大きく揺れて牌山が崩れた。

しかしその頃は、みな仲間のいたずらだろうと思っていたから、

「また幽霊のまねかよ。ふざけんな」

「誰がやったんや。正直にいえ」

おたがいに文句をいいあっていた。


その夜もOさんたちは借家で卓を囲んだ。

深夜になって麻雀がひと区切りついたとき、

「そういやあ、この家って二階はどうなってるんやろ」

と同級生のひとりがいった。

いつも麻雀用の和室しか使ってないから、二階にはあがったことがない。

「よし、探検してみようや」

Oさんたち四人は、ぞろぞろと細い階段をのぼった。

二階にあがって照明をつけると、板張りの廊下の両側に襖《ふすま》がならんでいた。ふと同級生のひとりが廊下の奥に眼を凝らして、

「あそこに——赤い服の女がいる」

ぽつりとつぶやいた。

Oさんたちは冗談だと思ったが、その同級生はひとりで奥へ進んでいく。怪訝《けげん》に思いな

がらあとをついていくと、同級生はいちばん奥の襖を開けた。

そこは三畳ほどの細長い和室で、床の間があった。その床の間に掛軸ではなく、一枚の絵がかけてある。なぜか照明がつかないせいで、廊下の明かりでしか見えないが、赤い服を着た女の絵のように見える。

さっきの同級生がその絵を指さして、

「この女だよ」

ふだんとちがう抑揚のない声でいった。

「なにいってんだ。寝ぼけてんのか」

「そんなことといったって、怖くねえぞ」

みんなは口々にいったが、その同級生はこちらに背をむけると、床の間の前であぐらをかいて、女の絵を一心に見つめている。

噂で耳にした赤い服を着た女の幽霊とは、この絵のことだろうか。

Oさんがそう考えたとき、うあッ、と誰かが叫んだ。

「やばいよここッ。早くでたほうがいいッ」

それを聞いた瞬間、わけのわからぬまま鳥肌が立った。ほかのみんなもなにかを感じたらしく、転がるように和室をでていく。

Oさんは絵の前で坐りこんだ同級生をひきずるようにして、廊下にでた。

同級生はようやくわれにかえったらしく、やけに青い顔で立ちあがると、

「おれ、いままでどうしてたんだろう」

「おまえ、あの絵の前に坐ってたのをおぼえてないのか」

「よくわからん。でも怖いよッ」

Oさんたちは一階に駆けおり、上着や鞄をひっつかむと玄関を飛びだした。四人は家の前に停めてあった自転車に乗ると、全速力でその場を離れた。


四人はあえぎながら走ったあげく、いつもたむろするコンビニの前で自転車を停めた。

「いったい、なにがあったんだよ」

借家をでようと叫んだ同級生に訊くと、

「顔にでっかい青痣がある男が床の間からでてきた。その男がこいつにのしかかろうとしてたから——」

床の間の前に坐っていた同級生を顎でしゃくった。

みんなが同級生に眼をやると、インクでもかぶったように青い液体で顔が濡れている。

Oさんが彼を廊下にひっぱりだしたとき、やけに顔が青いと思ったのはそのせいだった。

いつそうなったのか訊いても、本人はいままで気づかなかったという。コンビニの洗面所で顔を洗うと謎の液体はとれたが、彼の顔は青ざめたままだった。


翌日、持ち主の老人に借家の鍵をかえしにいったとき、

「あの――二階にある絵はなんですか」

遠慮がちにそう訊ねると、老人は皺《しわ》深い顔をしかめて、

「もうええかと思うたけど、まだおるんやな」

なにがいるのか訊いても教えてもらえなかった。

それ以来、Oさんたちはあの借家で麻雀をしなくなった。


何年か経って、Oさんはある男性に逢った。

その男性はOさんたちより前に、あの借家に仲間たちと忍びこんだと語った。二階の奥の部屋に幽霊がでると聞いて肝試しにいったが、なぜか誰もたどり着けなかったという。

あの夜、絵の前に坐っていた同級生は、廊下で赤い服を着た女を見たといった。ピエロの絵はなかったが、赤い服とおぼしい女の絵はあった。またべつの同級生は、大きな青痣のある男を見たといった。

「情報が錯綜してますけど、ぜったい場所は伏せてください」

Oさんはそう釘を刺したが、その理由はわからない。

あの借家が現在どうなっているかも知らないという。

小紋の穴

アンティークや古着の店を経営しているKさんの話である。

二年前、彼女は旧家の蔵に保管されていた着物を仕入れにいった。現地で見た限りではどれも旧家にふさわしい高級品で保存状態もよかったが、古い着物はよほど名のある作家物をのぞいて、ひと山いくらで売買されているから値段は安かった。

大量に仕入れた旧家の着物が店に届いたのは、店休日の朝だった。

Kさんの店にはバイトのYさんという女性がいて、仕入れた着物は店で売るものと業者に卸すものとにふたりで分別する。Yさんは若いわりに相当な目利きで、

「これは店で売ったほうがいいです。こっちは卸しましょう」

てきぱきと判断する。Kさんはたまに反対するが、結果的にYさんが正しいことがほとんどなので彼女に判断を頼っていた。

しかしその日は店休日とあってYさんは休みだから、Kさんはひとりで荷ほどきをした。ひと山いくらで仕入れたから、はじめて見るような着物もあって楽しい。

一枚ずつ点検していたら、ひときわ高級そうな手描きの小紋があった。群青に紫がかった柄で、かなりの年代物だった。これは値打ちものだと思ったが、広げてみたら前身頃から背中にかけて裂けたような穴がある。

「これじゃ商品にならないけど、もったいないな」

Kさんは自分が店で着ることにして、ていねいに穴を縫《かが》った。

さっそく袖を通してみたら、思ったよりもはるかに美しい。Kさんはすっかり気に入って、姿見の前で何度もポーズをとった。

その夜、自宅で寝ていたKさんは突然の痛みに眼を覚ました。

みぞおちのあたりが、きりきりと刺しこむように痛む。

布団からでて胃薬を呑んだが、痛みはいっこうにおさまらない。

若い頃から胃は丈夫なほうだし、ふだんとちがうものを食べたわけでもない。これといってストレスもないのに、いったいどうなっているのか。

病院はとっくに閉まっているから、朝まで我慢しようと思った。しかし痛みはますます烈しくなって吐き気がし、全身に脂汗《あぶらあせ》が噴きだした。

Kさんはひとり暮らしとあって、こんなときに頼れる相手がいない。海老《えび》のように背中を丸めて苦悶していたが、激痛に耐えきれなくなって救急車を呼んだ。

診断の結果、病名は急性胃粘膜病変、つまり急性の胃潰瘍《いかいよう》で、ただちに手術が必要だという。店を休むのは厭だったが、激痛には逆らえない。そのまま入院して手術を受けた。

手術は無事に終わり、激痛はおさまった。

しかし退院までは二週間ほどかかるという。

KさんはバイトのYさんに連絡して、店の管理を頼んだ。

Yさんは快諾したが、まもなく病室にやってきて、

「さっき店にいったんですけど、あの小紋はなんですか」

「どの小紋?」

「群青に紫がかった柄の小紋ですよ」

「ああ、あれね」

旧家の蔵から仕入れたと答えると、Yさんは眉をひそめて、

「あれは売っちゃだめですよ。死人がでます」

「え、どういうこと?」

穴が開いていたので自分が着るために縫ったと話したら、

「その穴は、なにかの怨みを晴らすために誰かが刺したんですよ。でなかったら、ほんとうにひとを刺したのかも——」

たしかにあの小紋は前身頃から背中まで、刺し貫いたような穴が開いていた。Kさんはそれを思いだして、ぞッとした。同時に胃潰瘍になった原因がわかった気がした。

Yさんはいままで黙っていたが、商品を分別するとき、なにかのいわくがあるかどうかも考慮していたと語った。

Kさんは退院後、あの小紋を寺に納めた。

仕入れた商品の分別は、それまで以上にYさんに頼っているという。

布団のなかの異物

演劇関係の仕事をしているAさんの話である。

彼が小学校四年の頃、夜中にふと眼を覚ますと躯《からだ》が宙に浮いていた。下を見たら、もうひとりの自分が布団で寝ている。

同級生にオカルト的な現象にくわしい男の子がいたので、

「これが幽体離脱か」

と思った。けれども、まもなく怖くなって、下で寝ている自分に手を伸ばした。

とたんに躯が重なる感覚があって、もとにもどった。

その夜を境にして、おなじ現象がたびたび起こりはじめた。Aさんはしだいに慣れてきて最初のような怖さは感じなかった。

しかしある夜、幽体離脱のあとで躯にもどったら、背中に妙な感触があった。起きあがって調べてみたら、それはガラスのかけらだった。長いあいだ海辺にあったガラスのように全体が摩耗して光沢を失っている。

「どこからでてきたんだろう」

Aさんは不思議に思ったが、その後も幽体離脱は続いた。

やがて高校生になると、離れた場所までいけるようになった。はじめは壁をすり抜けて家のなかを移動したり、近所を見てまわったりするのが新鮮だった。

ある夜、ふと思いついて同級生の家にいってみたら、同級生はテレビゲームで遊んでいる最中だった。むろん同級生はこちらに気づかない。

Aさんはゲームの様子をしばらく眺めて躯にもどった。するとまた背中に違和感をおぼえた。布団をめくったら、黒ずんだちいさな塊《かたまり》があった。

それは歯にかぶせる金属――クラウンだった。しかしAさんは虫歯もないし、歯医者にもいっていない。どうしてこんなものがあらわれたのか、皆目わからなかった。

翌日、ゆうべ家を訪ねた同級生にゲームの話をしてみると、

「なんで、そんなこと知ってるの」

ひどく気味悪がられたが、それで幽体離脱が錯覚でないと確信した。ただクラウンのこ

とをいっても、同級生は首をかしげるだけだった。

Aさんは十八歳になると、演劇に興味がでてきた。

演劇を勉強するため、いつかニューヨークに留学したいと思っていた。

そんなある夜、また幽体離脱を体験したとき、この状態でアメリカへいけるのではないかと考えた。さっそく頭のなかでニューヨークをイメージした。

次の瞬間、Aさんは空高く浮かんでいた。眼下には高層ビルが建ちならんでいる。

あまりにあっけなく移動できたのに驚きつつ、ビル群を見おろしていると、ひときわ高くそびえ立つビルがあった。ビルの屋上から伸びる鉄塔に既視感がある。

ゆっくり下降してみたら、それはエンパイアステートビルだった。

「すげえ。ここはやっぱりニューヨークだ」

Aさんは感動して、ビルの周囲を螺旋状にまわりつつ下へおりていった。

その途中で、オフィスにいる女性と窓越しに眼があった。

いつも自分の姿は誰にも見えないはずだが、彼女はこちらに気づいたようで青い眼を見開き、ぽかんと口を開けていた。

もっとも、そのままニューヨークに滞在することはできず、眼を覚ますとわが家の布団のなかだった。Aさんは起きあがって、ニューヨークがらみの異物があるか布団のなかを探ったが、なにもなかった。

そのときの体験で、幽体離脱時の移動に距離の遠近は関係ないとわかった。

しかし自分の意思では幽体離脱できず、そのときがくるのを待つしかない。ただ距離が制限されないのなら、時間も超越できるのではないかと考えた。

そこで次の幽体離脱では過去への移動を試みた。昔の故郷という漠然としたイメージを思い浮かべた瞬間、Aさんはひなびた町にいた。

瓦葺き屋根の木造家屋が軒を連ね、そのむこうに草木の生えていない真っ黒な山がある。なにかと思ったら、幼い頃に教科書で見たボタ山だった。木製の電柱があちこちに立つ通りを歩いていくと、オート三輪とすれちがった。

どうやらここは、昭和三十年代くらいの炭鉱町らしい。

ふと路肩を見たら、キーがついたスーパーカブが停めてあった。無断で借りるのは悪いと思ったが、持ち主は見あたらないし、どうせ自分の姿は見えない。

土管が積まれた空き地にいって、スーパーカブを乗りまわした。

いつのまにか、おかっぱ頭で吊りスカートの女の子がこちらを見ていた。

「この子は、おれが見えるのかな」

そう思って声をかけたら、女の子は臆する様子もなく近づいてきた。

スーパーカブをもとの場所にもどして、女の子が持っていたベーゴマで一緒に遊んでいると、しだいに陽が暮れてきた。

「そろそろ帰らなきゃね。きみのおうちはどこ?」

Aさんは女の子と手をつないで、茜色に染まった砂利道を家まで送っていった。

女の子の家は長屋のような粗末な平屋だった。おなじ外観の家がいくつもならんでいるから炭鉱住宅らしい。

女の子がガラス戸を開けて家に入るのを見届けたとたん、はっと眼が覚めた。

今回も異物はなかったが、両手が煤を触ったように黒く汚れていた。

Aさんが結婚したのは二十代のなかばだった。

精神的な病を疑われるのが厭で、幽体離脱のことは妻にいわなかった。だが、ふたりの生活がはじまってからも幽体離脱は続いた。

ある夜、眼を覚ますとベッドの上に躯が浮かんでいた。下を見たら、妻はなにも気づかぬ様子でぐっすり眠っている。そのとき、妻はどんな夢を見ているのだろうと思った。

次の瞬間、Aさんはどこかの原っぱにいた。

あたりを見まわしていると、白い仔犬がまとわりついてきた。

「これって、夢のなかなのかな」

Aさんは判断がつかぬまま、しばらく仔犬と遊んだ。

幽体離脱の記憶はそこまでだったが、翌朝、朝食を食べていたら妻が唐突に、

「ゆうべ夢にあなたがでてきて、仔犬と遊んでたの」

「原っぱにいた白い仔犬だろ」

Aさんがそう答えると、妻は眼を見張って、

「なんで知ってるのよ」

それで他人の夢のなかにも入れるとわかった。

といって、Aさんはそうした能力を乱用しなかった。過去にいけるなら未来へもいけるかもしれないが、未来を見るのは怖かったから試していない。

いまのところは、どこへいっても現在の自分にもどれている。けれども、それができな

かったら、いったいどうなるのか。すべてが自分の思いどおりにならない証拠に、幽体離脱をすると、いまもときおり不可解な異物が出現する。

最近の異物を列挙してみると、

フェルト製のワッペンの切れはし。

潰れた金属の鈴。

おたまについていたような木製の柄。

真っ赤に錆びついた単三電池。

動物の歯や骨。

これらの異物は幽体離脱時の記憶とも結びつかず、どこから出現したのかわからない。みなどこかが欠けていたり朽ちていたり、ひとつとして完全でないのが不気味だった。

こうした現象がいつまで続くのか、いまではむしろ不安だという。

岩井志麻子

いわい　しまこ

岩井志麻子（いわい・しまこ）

岡山県生まれ。1999年、短編「ぼっけえ、きょうてえ」で第6回日本ホラー小説大賞を受賞。同作を収録した短篇集『ぼっけえ、きょうてえ』で第13回山本周五郎賞を受賞。怪談実話集としての著書に『現代百物語』シリーズ、『女之怪談　実話系ホラーアンソロジー』（共著）などがある。

気がつけばアジア全般が好きになっていて、自分の金で旅行ができるようになった頃から近隣諸国へは公私ともにかなり飛んでいる。

そう、近隣諸国。日本もアジア、私も日本人でアジア人。二度目の今現在の夫は韓国人だし、その夫より長い付き合いになる愛人はベトナム人だ。

日本にはない家屋や街並みに異国だと非日常感に打たれつつ、漢字をあまり使わない国でもみなさん漢字表記できる名前を持ち、お米を箸で食べて食堂には必ず醤油《しょうゆ》味のおかずがあることに親近感を覚える。

しかし当然ながら、渡航歴が増えるにつれて素敵な思い出ばかりではなく、怖い記憶も重なっていく。

幸い命の危険にさらされるような事件や事故にはまだ遭ってないが、「別の意味で命というものを考えさせられた」逸話はかなりある。

これまでにもいろいろ書いたりしゃべったりしてきたが、今回ここに機会をいただいたので、今までどこにも発表してない話をいくつか書かせてもらう。

すべて実話に基づいているので当人や関係者を特定されないよう、登場人物はすべて仮名にし、背景などにも脚色や変更を加えてあるのをお断りしておく。

韓国の虚言の花園

ネットで知りあった見知らぬ自殺志願者達が集まり、集団自殺。

そんな事件は日本でも何件かあったが、韓国でも起きている。もともと韓国は、日本よりも自殺者が多い。

もちろん国籍関係なく個々の性質の差はあるが、日本人がわりと「世の中はうまく回ってるのに、ついていけない自分がダメな人。ごめんなさい」と自分を責めて悲観して命を断つのに対し、韓国人は「こんながんばってる私が認められないなんて、世の中が間違っている。許せない」と当てつけで勢い余ってしまう場合が多い。

どちらの心情に近かったのか、これはよくわからないのだが。見知らぬ者同士の集団自殺で亡くなった主婦スニが、後に韓国でかなり話題となった。

名門女子大を出て有名企業に勤めていたスニは、親はヨーロッパで起業し成功した富豪。

スニはソウル一等地の高級マンションに住み、趣味のサークルで出会った男性と交際、子どもができたのを機に結婚。

男性は、そんなお嬢様が普通の家の子で普通の会社員の自分なんかと結婚してくれるなんてと驚き戸惑《とまど》ったが、あちらの親もにこやかに結婚を祝ってくれた。彼の親が喜んだのはいうまでもない。スニは結婚祝いにと、夫に高価な外車をプレゼントした。

婚約中に妊娠したので結婚式は延期し、夫婦はスニのマンションで同居を始め、無事に可愛い子も生まれた。夫の同僚、スニのママ友を集めて連日の華やかなホームパーティーが繰り広げられた。誰もがスニ一家をうらやましがった。

そんな何不自由ない暮らしをしていたスニが突然、集団自殺などしてしまった。あまりにも唐突に、スニは命だけでなく夫と子どもの幸福な日常も断ち切った。

妻の死後、茫然自失の夫にさらに追い打ちをかける事態が襲いかかってくる。

スニの持ち家のはずのマンションは賃貸で、高級車もレンタル。しかも滞納、延滞金が嵩《かさ》んでいたのも判明した。貯金がないどころか、借金まみれだった。

さらに、スニの出自や経歴もすべて嘘だった。大学どころか高校も行ってない。会社勤めの経験はない。風俗嬢以外の仕事はしたことがない。

中学を出る頃に父親のわからない子を産んでおり、その子は施設で育っていた。スニは一人娘ではなく、前科者の兄と服役中の弟がいた。

夫はスニの親とスカイプやテレビ電話で何度も話していたが、それはお金でいろんな役割を演じてくれる専門の代行業者だったのだ。

スニの本物の親は、国内の低所得者層が固まる地域にいた。彼女はソウルの高級住宅街の生まれ育ちではなく、ソウルの外れの月の町の子だった。

韓国の貧困層は、救急車や消防車が上って来られない細い曲がりくねった道の高台に住む。月に近いから、月の町。皮肉な美しい響きの名前で呼ばれていた。

スニは金持ちぶるために方々から借金を重ね、夫の同僚からも詐欺で金を集めていた。もはやまともな業者からは借りられなくなり、詐欺だ泥棒だと責めたてる人達も現れ始め、すべての嘘と罪が暴かれるのは間近に迫っていた。

すべて夫に打ち明け、許してくれるなら一から真っ当に立て直す。許してくれないなら離婚して子どもも預けて、一人でやり直す。そんな選択はスニにはなかった。自殺志願の仲間を募って、みんなで一気に死んで終わりにする。スニにはそれしかなかった。

私も今現在お世話になっているホリプロに入る前、それこそ経歴から出自からありとあらゆるものがすべて嘘だった女をスタッフとして雇ったことがある。

スニと同じでお嬢様を自称し華麗な経歴を並べ立てていたが、実際は貧しい出自の、苦労を重ねた風俗嬢だった。寂しがりで人なつこく、憎めないところも多々あった。

すべての嘘が露見してクビになっても、ケロッとして今も嘘をつき続けホラを吹きまくっている元スタッフは、自殺だけはまさに死んでもしないタイプで、その点だけは妙な信頼と安堵をしている。

先日、「あの集団自殺した嘘つき奥さんと仲良しだった」という女性にソウル市内で会った。どこか元スタッフに似たヨンアと名乗る大柄で色黒で歯並びの悪い女は、日本人向けの風俗店に勤めたこともあるとかで、そこそこ日本語ができた。

「私は十年くらい前、景気が良かったA国のカジノホテルにあるエロマッサージの店に出稼ぎに行ってた。アジア中の女が揃ってたよ。嘘か本当か、恋人だった香港人にだまされて連れてこられたとかいう日本女もいた。

数人でシェアしてそのホテルに部屋を借りてる女達もいたけど、私は近くのアパートを借りてた。そこは私らも含めて、怪しい奴らの吹き溜まりだった。

私とスニは同じ国同士で仲良くなって、家賃半々にできるし一緒に住むことにしたの。

その頃は彼女、スニって名前じゃなかった。私も別の名前だったけどね。

隣の部屋にはアジアではまあまあ豊かなB国から来た女と、アジア最貧国といっていいC国から来てる男が同棲してた。もちろん、どっちも不法滞在よ。

B国女は間違いなく、私らと同業者だったね。ホテル内にある店じゃなく、もっと裏通りの安い専門店にいたみたい。顔はまあまあ可愛いけど、刺青まみれだったからね。

二人とも酒と麻薬やってて、奇声あげて暴れる。部屋は臭いゴミ屋敷。ゴミやガラクタが玄関から窓からはみ出して、共用のベランダや廊下にも積み重なってた。邪魔だし、生ごみ腐ってとにかく臭いし。だけど怖いから、みんな文句いえなかった。

笑っちゃうのが、B国女は『私は本当は大富豪の娘で、大企業の息子との政略結婚が嫌でこっちに逃げて来た。探し出されるのを避けるために、あえて大企業や高級店には勤めないし、高い部屋には住まない』なんていってて。

C国男は『俺は母国では王家の一族だが、芸能人になりたいといったら勘当された。どんな役にもなりきるために、今はわざとこんなふうに身をやつしている』なんてバレバレの幼稚な嘘をつき合ってた。

誰も信じないのに、お互いは信じ合ってたね。まさにスニの仲間だわ。あ、ちょっと違うか。スニは旦那の家族や同僚、自分のママ友までだましてたし。志麻子さんの元スタッフも、テレビ局や出版社の人達までだませてたんだもんねぇ。

スニは、当時はああいう嘘はついてなかったよ。母親も同業だった、父親は刑務所に入ってた、十五で生んだ子を施設に預けたまま、そういうのもしゃべってた。ここに来たのは借金で追いこまれたからって、何もかもあけっぴろげに身の上を語ってた。

スニはさておき、隣のヤバい住人ね。毎日のようにすごいケンカの音や、その後の激しいエッチの音も筒抜けだったけど、ある晩からぴたりとどちらも止まった。

三日ほどB国女はときおり、窓から顔のぞかせてた。共用の廊下側に面した窓ね。ただ、話しかけても返事しない。まばたきもせず、うつろに目を開けてるだけ。麻薬でボケてんだと、あまり気にもしなかったのに。

あるときスニ、何かで機嫌が悪かったらしく、窓から顔のぞかせてるB国女の顔をちょっと強くさわったのね。何黙ってにらみつけてるのよ、って。

そしたらゴトッと、首が落ちた。部屋じゃなく廊下側に落ちてきて、スニの足元に転がった。スニは腰抜かしてへたりこんで、しばらく悲鳴もあげられなかった。

這って私達の部屋に戻ってきて、韓国語だけじゃなくA国の言葉も混ぜて、わけわかんないことをわめいた。錯乱して、たくさんの目が見てる、と叫んでた。

B国女はC国男に殺されて、バラバラにされてたの。男はまだ生きてると思わせるために、首を廊下に向けて窓辺に置いてたわけ。体は川に捨てたり山に埋めたり犬に食わせたりしてたけど、頭だけ残してた。彼としては、アリバイ作りのためにね。

もともとアパート全体に異臭が漂ってたし、特に隣はいつも悪臭きつかったんで、死臭にもなかなか気づけなかったの。

でも警察が来て私らまで調べられて、ビザ切れバレて強制送還よ。スニとは一緒にいたけどこの世界の流儀、礼儀として本名や実家の住所は聞かなかった。だからA国を離れたら、連絡取りようがなくてそれっきりになっちゃった。

ずーっとスニの消息はわかんなかったんだけど、思いがけない形で知ったのは例の集団自殺のニュースね。ネットに出回ったスニの顔写真を見て、あっ、と叫んだ。その後の報道もネットでの噂も、ああ間違いない、と思わせてくれた。

まぁ、スニに限らずああいう世界の女達は嘘をつくのも処世術、やむをえない身を守る方法だから。日本もそうでしょ。

志麻子さんが雇っていた元スタッフも風俗業界に長くいたから、嘘をつくというより現実を隠すことが習慣になってたんだわ。

それにしても可哀想なスニ。B国女みたいな死に方はしたくないから、真っ当に正直に生きて、正業に就いてきちんとした男と結婚して地道に生きるといってたのに。

本当に、真っ当な男と一緒になれたのにね。自分が真っ当でなくなっていってた。だけどスニがB国女の生首を見たショックで叫んでた、たくさんの目が見てる、って言葉。いずれ大勢で集団自殺する、自分の最期を垣間見てたみたい。

ていうか……志麻子さんの話してた、元スタッフ。さっき見せてもらった写真。うーん、この人もA国の店にいた日本女のような気がする。B国女の事件くらい、ヤバい話があるんだけど。人違いだったらアレだから、今回はしゃべらない」

このヨンアを紹介してくれたソウル在住の日本人によると、

「ヨンアも相当な嘘つきだから、本当にスニと親しかったかどうかはわからない。意図的に嘘をついているんじゃなくても、別の韓国女をスニだったと思いこんでいる可能性もあるし。元スタッフらしき日本女もそのパターンで、まったくの別人かも。

志麻子さんがおもしろがりそうだから会わせたけど、話半分に聞いといてください」

とのことだった。うなずいて、もうそれっきりヨンアには会わずに帰国したのだが。何か引っかかるものがあり、日本からヨンアに電話して聞いてみた。
私の元スタッフについて、何でもいいから印象に残ったエピソードがあるかと。
ヨンアは、軽い調子であることをいった。そのとき私は、電話を落としそうになった。
封印していて、どこにも書いていない元スタッフの怖い話。ヨンアは知っていた。

タイの嫌な動画

うちの娘くらいの年頃のマキコは、有名私大も出ているし愛嬌ある童顔とぽっちゃり体型で、基本的に真面目で優しい。なのにモテないというより男運が悪いのは、何かと思いこみが激しく短気な性分のせいか。

そんなマキコは卒業して勤めた会社を『合わない』の一言で半年くらいで辞め、少なくとも半年は日本を離れようと決意した。心配し反対する親には、帰国したら真面目に再就職活動をするからと約束した。

実は、会社の先輩との恋愛に破れたという大きな理由があったのだが、それは親にはいえなかった。彼と顔を合わせたくないから逃げたいなんて、自尊心が痛んだ。

贅沢な旅行ができる余裕はないので、いわゆるバックパッカーとなり、アジアの国を気ままに回ることにした。これまでは、親とのハワイしか海外旅行の経験はなかった。

「真っ先に渡ったのがタイ、バンコクでした。もともとタイ料理が好きだったし、日本は寒くなりかけてた時期だったんで、暑い国に行きたいな、と。寒いと、もっと落ち込みそうだったから」

近未来的な高層ビル群と由緒ありそうな寺院の連なり、最先端みたいなおしゃれなギャル達の隣に民族衣装の象使いの老人、といった混沌《こんとん》としているのに華やかな調和の取れたバンコクの街並みに、心ときめいたし目がくらんだ。

気さくで敬虔《けいけん》な仏教徒達と、歌舞伎町も負けるきらびやかでいかがわしい繁華街の取り合わせにも酔い、もちろん刺激的かつ滋味深いタイ料理も大いに堪能した。

安宿街で、やけくそになったのではなく解放的になって、日本も含めて各国のパッカー仲間と一晩限りの恋にも燃えた。

いい男に当たれば、この世にはまだまだいい男がいる、あいつよりマシな男は星の数ほどいると励みになったし、バカな男に当たっても、あいつよりダメな男がこんなにいるんだ、私はそんなひどい目に遭わされなくてよかったと自分を慰められた。

「なんだかすごい、生命エネルギーをチャージ、って感じで。勢いつけてベトナムやマレーシア、マカオなんかにも飛んで。上海、韓国、台湾も行きました。

気がつけば半年近く、海外を放浪してたわけです。一番気にいったタイにまた戻ってきて、そろそろ帰国しようかなとなりました。

親への連絡は適当にしてましたが、いい加減に戻ってきて就職活動を真剣にしろとかうるさくなってきて、泣かれたりしましたし」

といった後、ちょっとバツが悪そうに苦笑して見せた。

「本当は、絶対に見ないと決めていた元彼のSNSを見てしまったからです」

マキコも合コンで何度か会ったことのある、同じ会社ではないが同業種の同世代OL。リカとかいった。リカが元彼の今彼女として、あらゆるSNSに登場していた。

元彼も、もうマキコに見られてもかまわないと開き直っているのだ。いや、もはやマキコは過去の女として忘れ去り、どうでもよくなっている。今の彼女であるリカに夢中、それだけなのだ。

「生まれて初めて、殺意ってものを抱きましたね。間違いなく日本にいたら、彼にもリカにも鬼のように電話して、家や会社に突撃、押しかけたかも。

だけど遠い異国にいたら、どうしようもない。短気で興奮しやすい私なのに、そのときはひたすら暗く重く沈みこんで、ぐつぐつと負の感情を煮えたぎらせました。

本気で、二人を殺して自分も死のうと思いつめたんです」

マキコは、タイを味わい尽くし楽しみ尽くしてから日本に戻ることにした。

そして真っ先に彼ではなく、リカの元に殴り込む。リカを殺してから彼のところに乗り込み、刺し違えて果ててやる。

「もう、本気度100パーセントでした。鏡を見たら、すでに殺人犯、いや、殺人鬼の顔をしてましたね。鏡の中の自分に殺されると、縮みあがりましたから。

そうだ。タイって、ピーという精霊の存在を信じている人が多いの、志麻子さんも本に書いてましたよね。元はそんな悪いものじゃないんだけど、ときどき悪霊めいたものになって人に取り憑き、いろいろ悪いことをさせる。

逆手に取って？　自分の失敗や悪事を、『あれはあのとき取り憑いていたピーのせい。私のせいじゃない』なんて言い訳をするタイ人の多さには、私もあっけにとられたり脱力したりしましたが。

ほんと、あのときの私には殺人鬼のピーが入り込んでいたのかも」

そんなマキコだが、どうせ最後はバンコクの空港から帰るのだから、その前にタイの田舎町を訪れてみようと思い立った。

明日にでも飛んで帰って二人のところに押し入りたい衝動を抑え、北部の田舎町へ向かう列車に乗った。一応、ガイドブックやネットの検索で当たりはつけていたが、東北地方ではまずまず開けているという町に降りてみた。

バンコクとは違う国かというくらい、雰囲気が違った。よくいえばノスタルジックでのどかな、昔ながらのタイが残る町。

悪くいえばどこか暗く活気のない、取り残された雰囲気の漂う田舎町。近くに、どんよりした海があった。一応は海水浴客や屋台も出ていたが、人はまばらで活気がない。まだ観光地化はされてない穴場、静かな落ちついた海辺ともいえたが。

あいつブッ殺してやる、あの女もたいして可愛くもないくせに気取って、最初から虫が好かない女だった、ぶちのめしてやる。などと憤怒に燃えつつ、当てどなく町を歩いた。あまりにも殺気をみなぎらせていたからか、物売りも近寄って来なかった。

そのうち、トイレに行きたくなった。ちゃんとした公衆トイレなど見つかりそうもないので、手頃な食堂を見つけて入った。

ここも客はまばらで、土間の床には薄汚れた半分野良の犬と猫が寝そべっていた。出入り口に近いテーブルに腰かけ、タイなら全土に必ずあって当たりはずれが少ない焼きそばパッタイを、やる気のなさそうな店員に注文してからトイレを借りた。

「そのときついうっかり、スマホをテーブルに乗っけたまま行っちゃったんです。トイレから出てテーブルに戻ってスマホがあるのを見たとき、初めて自分が置きっぱなしにしてたことに気づいて青ざめました。

盗まれなくてよかった、心底ホッとしました。やっぱりいい意味で田舎町だな、外国人のスマホ盗んだりしないんだと、殺伐さが少し失せました。

パッタイも思ったより美味しくて、なんだか気分が上向きになってきたんです」

安くて清潔、居心地いいホテルもすんなり取れて、かなり殺意も薄まってきた。さっそくホテルの部屋でくつろぐ態勢になったマキコは、ベッドに寝転がってスマホを操作しているとき、新しい動画があるのに気づいた。

誰かが送ってきたのではなく、マキコのスマホで撮っていた。今日はまだ、動画を何も撮ってなかったはずだけど、と再生してみたら。

「見たことないっていうか、絶対に私が撮ったんじゃない動画でした。タイのどこかのローカルな駐車場みたいなとこで、二人の女が大ゲンカしてるんです。

どっちも水商売ふう。どちらも見知らぬ、現地の女。全体的にぼやけてて、手ブレも激しくて、顔はそんなに鮮明に見えません。あの食堂は映ってなかった。

最初はTシャツ女が優勢でミニスカ女をぼこぼこにして、逃れたミニスカが転がってたレンガを持って立ち上がって、Tシャツに振りあげたところで終わってました。

わめき声は現地の言葉で聞きとれないけど、なんとなく雰囲気で男を取りあってのことかなと感じました。自分を重ねたのかもしれないけど。まぁ、だいたい女同士のケンカってそんなもんですよね」

撮られた時間の記録などから、マキコが食堂のトイレに立ったわずかな時間に何者かがスマホを外に持ち出し、撮影したと思われた。

気味悪かったが、他にはスマホを不正操作や悪用もされてないようで、ただのいたずらで済ませた。済ますしかなかった。

盗まれたのでもなく、不正操作はされたが金の被害もない。こんなことでタイの田舎町の警察に行くのは、億劫《おっくう》だ。警官も困るだろうし。

とはいえ動画自体はなかなかおもしろくもあったので、消さずに保存した。『男を取り合い。ブッ殺してやるとわめく女』といった題名は、自分自身にもつきそうだ。

この後、レンガはTシャツの頭にヒットしたのか。そもそもこれは本物のケンカなのか。

いたずらで、二人とも演技をしているというのもありか。

なんとなく気が抜けたマキコは、翌日バンコクに戻ることにした。静かな田舎町も風情があっていいが、やはり若いマキコは刺激的な都会が恋しかった。

旅行中、何度か例の動画を再生してみた。そのたびに、微妙に動画が変化してくるのがわかってきた。もう誰も、マキコのスマホには手をふれてないのに。

ミニスカはレンガを振りかぶり、Tシャツが走りだす。ミニスカがレンガを振りあげたまま、執拗に追う。演技ではない。半端なケンカでもない。どちらも本気だ。

あ、これヤバいかも。じわじわ怖くなったが、消去はできなかった。

女の姿も次第に変化してきて、日本人ぽくなってくる。声も日本語混じりになり、ついに日本語だけになった。

ミニスカはレンガを持って追い続け、Tシャツは逃げ続け、振り下ろされてもかろうじて逃れるが泥だらけ傷だらけになり、マキコはなんとなくこのTシャツは海の方に向かって逃げているのではないかという気がした。

「そのうちはっきりと、Tシャツが私に似てきました。ミニスカが、リカそっくりになってきて。Tシャツが『人の男を盗るな』と怒鳴ったら、『あんたみたいな女じゃ男も逃げる』

とミニスカだった方がわめくんです。私の声とリカの声で」

ついにTシャツはマキコそのものになり、ミニスカはリカ本人になった。

殺してやる。死ね死ね。ミニスカはついに、Tシャツにレンガを叩きつけた。Tシャツの断末魔の悲鳴。ミニスカの獣じみたうなり声。ミニスカは何度もTシャツの頭にレンガを叩きつけ、鈍い湿った音が響く。

地面に仰向けになり、排泄物を垂れ流しながら血へども吐き、痙攣《けいれん》するTシャツ、いや、息絶えたマキコ。

激しく画面がブレ、次の瞬間、頭を割られて脳漿《のうしょう》が飛び散り、髪と血と脳みそが嫌なタイ料理の炒め物みたいになっているのが映し出された。眼球が飛び出た自分は、間の抜けた顔で虚空を見上げている。

あ、返り討ちに遭うんだ。あの女を襲ったら、私が殺されることになるんだ。そう感じたマキコは、ついに動画を削除した。

消した途端に、彼への未練もリカへの憎しみも削除されてしまった。

帰国したマキコは本当に再就職活動に励み、ちゃんとしたところに入れた。

元彼とリカ、そしてタイでの奇怪な動画のことを忘れるため仕事に打ち込み、新しい恋人もできた。少しずつ、マキコも性格が穏やかになったといわれるようになった。

元彼達のＳＮＳはもう絶対に見ないようにしていたが、あの二人は結婚したよと共通の知り合いに聞かされた。驚くほど、何とも思わなかった。むしろ、幸せになってねと笑ったくらいだ。

その後、元彼とその妻になったリカはなぜかタイに新婚旅行に行き、そのまま二人とも一年経っても帰ってこなかった。

事件に巻きこまれたとも、ただだらだらと不法滞在してクスリやって遊んでいるとも、実はとっくに帰国して隠れているとも、いろいろな噂が流れた。

新しい彼には、昔の男の話などしていない。ましてや、奇怪な動画の話など。

なのにマキコのスマホにまた、変な動画が保存されていた。

暗い海で、男女らしき二人の影がうごめいている。男が女を海に沈めている。暴れる女を押さえつけ、確かな殺意が伝わってくる。

すぐに場面は切り替わり、これまた薄暗い駐車場になる。行ったこともないのに、見覚えのある場所。ちらっと、見覚えのある食堂も映り込む。やる気のなさそうな店員がいるけど、パッタイのおいしい食堂だ。

銃声が響き、歩いてきた男は倒れる。人形のように動かなくなった男の頭から、地面に黒々とした血が流れて広がる。

あ、あの田舎町だ。きっと近くに、どんよりした海がある。そしてこの二人は……マキコは急いで動画を消した。

ベトナムのホテルの黒い影

ホーチミンで大手企業の駐在員を名乗る、実は詐欺すれすれの商売をしている通称イチさんは、頭髪と人望は乏しいが性欲は平均以上にある御仁だ。

モテ自慢はすべて水商売や風俗にたずさわる嬢との金銭を介したつき合いで、イタいオッサンというい い方もできるが、おめでたいお人好しともいえた。

半年ほど前そのイチさんに会ったら、怖い目に遭ったという。

イチさんはこの前会ったときも、日本からの留学生の部屋に無理やり上がり込んだら公安警察を呼ばれて拘束されたとか、原付バイクに乗って客引きをする女の子に値引きしろと迫ったらいきなり足を轢かれたとか、怖い目にはよく遭っているのだが。

「今回のは、そういう怖さとは質が違う。方向性や種類が違う」

と、なんだかよくわからない前置きをする。そのとき私達は、サイゴン川に面した路上のカフェにいた。

私の隣には、十五年来のベトナム愛人もいた。愛人は日本語はあまりわからないので、イチさんと私がしゃべっているときはひたすら黙ってにこにこしている。

「ホーチミン郊外の田舎町のホテルに泊まったんだけど」

そのあたりは、あまり行ったことがない。愛人は、その町とホテルの名前は聞きとったようで、そこ知ってるとだけいって薄いベトナムビールを飲んだ。

そのホテルは高級ではないけれど、治安の悪い地域にある連れこみ専門の安宿でもなかったとイチさんはいう。日本でいう、ビジネスホテルみたいなもんだと。

しかしビジネス客だけでなく、中国や台湾から観光に来た家族連れなども泊まっていた。いや、女を連れこむ男もけっこういたみたいだけどね、とも付け足した。

ともあれ、イチさんはその夜は女は連れ込んでなかったようで、真夜中にそろそろ寝ようとかとベッドに寝転がって雑誌など眺めていたら、呼び鈴が鳴った。

「なんか、やけに鋭く響いた。ピンポーン。でもルームサービスも頼んでないし、こんな真夜中に約束なしで来る現地の知り合いもいない。幻聴でもない。

もちろん、怪しげな女なんか呼んだ覚えもないよ」

ドアスコープをのぞくと、現地の女がいた。長い黒髪、細身のけっこう美人だ。あからさまに商売女のスタイルではなく、清楚といっていい雰囲気だ。

しかし、イチさんは息を呑んだ。最初は照明のせいで、あるいはドアスコープの汚れか何かで、女の周りに黒い影がゆらゆらしていると思ったのに。

黒い物ははっきり人間の形をしていて、それが何人も、何体もいる。

そいつらは彼女にしがみつき、まとわりつき、禍々《まがまが》しい何か悪意のようなものを放出している。得体が知れないというより、悪意が透けて見えすぎた。

危険だと察したが、彼女は心細げに呼び鈴をまた鳴らし、ドアを細い手で叩く。

怖いが彼女の身も案じてやり、そっとチェーンをかけたまま細めにドアを開けた。いや、スケベ心からだと思うが、それは私も黙っていた。

簡単な英語でどうしましたかと問えば、彼女はたどたどしいながらも日本語で返してきた。その様子は、いい人にも怪しい人にも思わせた。

「悪い人に追われています。ちょっとの間だけでいいから、あなたの部屋に隠れさせてくれませんか」

細目に開けたドアからのぞいたら、彼女の周りには奇怪な影はなかった。なのにイチさんは、ホテルの人を呼びますといってドアを閉めた。

とたんに彼女は何やら現地の言葉で早口すぎてわからなかったが、おそらく罵声を残してばたばたと足音を立て、彼の部屋の前から去っていった。

「どこかの議員じゃないけど、確かに俺のこと『このハゲーッ』と怒鳴《どな》った。俺、そのベトナム語はわかるんだよっ。いわれ慣れてるから」

イチさんはしっかりと鍵を確認し、フロントに電話した。スタッフに見回りをさせると答えられ、その夜はそれだけだったが。

翌日になって、イチさんは仕事関係の現地の人達にこんな話を聞いた。

「その女は、日本人の男を狙う強盗団の一味ですよ。あなたはどこかで彼女らに見られていて、一人で泊まっている日本人だと目星をつけられた。しかも、小金があってスケベそう、いや、おとなしそう」

「それは、よくある手口です。真夜中に美人が適当な理由をつけて、一人でいる男の部屋を訪ねてくる。あなたみたいな下心を持った男がドアを開けると、ドアスコープから見えない位置、隣の部屋の前や女の足元にしゃがんでいた現地の悪い男達がわっと押し入ってくる。

それで金品を脅し取るんです。殺すまではしないですね」

そのときも、彼女の足元に男達がしゃがんでいたはずですと、その人は付け加えた。

「そうですか、開けなくてよかった。と、俺は答えたんだけど」

イチさんは、何か釈然としなかった。彼女の頭や顔、胸周りにしがみついていた黒い影は、仲間の男達というより物の怪《け》だった。

走り去る足音は、彼女一人のものしか聞こえなかった。

イチさんと別れ、私は愛人のバイクで自分の泊まるホテルに送ってもらった。私は東南アジアでは絶対にセキュリティの厳重な五つ星ホテルに泊まる。やはり安全が第一で、異郷では安全には金を払って損はないからだ。

バイクを運転しながら、愛人はイチさんの話についてこんなことをいった。

「日本語わからないけど、なんとなく伝わってきた。あのホテルは本当に変だよ。ぼくの知りあいのベトナム人もあのホテルに泊まって、変な目に遭った。

夜中に自分の部屋に戻ってきたら、ドアの前に素っ裸で全身に浅い切り傷をつけた女が正座してたんだって。どうしたんだと驚いて声かけたら、『放っておいてください、悪いことをしたから罰を受けているだけです』

というんだって。だけど部屋の前に座り込まれてちゃ困ると、追いたてた。なかなか美人で若かったけど、さすがにそんな傷だらけの女は怖いもの。

部屋の備え付けのバスローブを貸してやろうと、ドアを開けてクローゼットから出してる隙に、いつのまにかいなくなってたって。でも、ほんのちょっとの間だよ。エレベーターが動いた気配もないし、階段を降りる音もしなかった。女は消えたとしかいいようがないって。

もしかしてあれ、幽霊だったのかな。彼はすごく怖くなって、フロントに一応は女のことを報告した後、部屋を変えてもらったって」

そのときのことを思い出しながら、この原稿を書いているのだが。ベトナム愛人は英語はけっこうできるが、日本語は簡単な挨拶と、単語を十個くらい知っているだけだ。

そういう私の英語力は、日本の普通の中学二、三年生くらい。ベトナム語は彼と同じく挨拶と単語を十個くらい知っているのみ。それでもなんとか話は通じていたが、こんな話をなぜ細部まで詳しく聞きとれたかも謎だ。

そしてこれを書くに当たってイチさんを知る駐在員に、イチさんはどうしているか聞いたら。例のホテルがある町にまた行ったようで、そこから行方不明になっていた。

「ブログもツイッターも、更新が止まってるし。電話かけても出ない。イチさんにだまされたって人が怒って、イチさんの親兄弟を突き止めて連絡したら、本当に日本にも戻ってないし、自分達も探していると真剣にいわれたって」

ベトナムの愛人に話したらこともなげに、影に連れ去られたんだといった。

台湾の死者のタンス

台湾にも何人か日本人の友達ができ、行くたびに彼らの溜まり場的な店に行っては酒やおしゃべりを楽しんでいる。台湾は全般的に気候も人も穏やかでのんびりしているのだが、もちろん怖い話も不思議な話もいろいろとある。

台湾の人達はみんな占いが好きというより、日常生活をかなり占いに支配されているといっていい。道教も盛んで、至るところに寺院があり、ギャルっぽい子やごく普通の男の子達も拝みに来ている。

あらゆる行事の日時を占いによって決めるし、なんでもない雑居ビルの一室や商店街の一角にもちょっと怪しげな宗教施設があったりする。

日本でお盆に当たる時期は至るところに祭壇が設えられ、あの世から死者も戻ってくるし物の怪も跋扈《ばっこ》するしで、国中に線香の匂いが漂う。

いつだったか、知り合いの飲み屋と間違えて入り込んだ雑居ビルの一室には、巨大な艶めかしい狐の像が真ん中に鎮座していて、霊感のない私にもなんだかここは異様な負のオーラみたいなものが漂っていると感じられ、早々に退散した。

後日、在住の日本人に聞くと、あそこは裏の廟《びょう》だといわれた。本来は願ってはいけないことを祈る寺なのだそうだ。たとえば愛人が、好きな男の奥さんが死にますようにと願うとか、マフィアが麻薬取引の成功と無事の逃亡を願うとか。

在住日本人は、その寺はすごい、だいたいの願いをかなえてくれるといった。それを聞いて、私は心が揺れた。私の中にも、本当は願ってはいけない願いがあったのだ。

もう一度、行ってこようか。そしてお願いしてこようか。

「いや、願いを叶えてやる代償もすごいんだよ。あそこの神様はちょっとやそっとじゃない莫大なお布施を要求してくる。途方もない献金をさせられることになる」

たとえば好きな男の奥さんは死ぬけど、祈った女の母も死ぬとか。麻薬取引に成功して逃げおおせても、マフィアは警官との銃撃戦で足を失うことになるとか。

それを聞いて、あそこでうっかり祈らなくてよかったと胸をなでおろした。

ともあれ、死者が戻ってきて魑魅魍魎《ちみもうりょう》も町にあふれだす鬼月《おにづき》と呼ばれる時期に台北へ行った私は、日本人の友達にこんな話を聞いた。

その家のお嬢さんリィはとても真面目な良い子で、進学校を目指してがんばっていた。それが受験の前日、お腹が痛いと苦しみ出した。尋常でない苦しみようだったので、親は救急車を呼んで病院に運び……リィは出産した。

リィによると、男の子の父親に当たるのは街なかでナンパされてつき合っていた大学生だとか。彼女は本気だったが、親にいうとまずは受験だろうと怒られるし反対されると黙っていた、妊娠もかなり進んでから気づいたけど、いい出せなかったという。

もともとぽっちゃりしていたし生理不順だったしで、親もリィの兄姉も、学校の友達も先生も気づいてなかった。彼は知っていたが、どうすることもできなかった。

大学生とその親もまじえて話し合ったが、当分は結婚はせずに彼は大学生を続け、リィはいったん受験をあきらめ、実家で息子を育てることとになった。

養子に出すことも検討されたが、リィは息子に情がわいていた。とはいえ、実質的に育てたのはリィの母、赤ちゃんからいえば祖母だ。祖母といってもまだ四十そこそこで、知らない人から見ればリィの歳の離れた弟に見えた。

リィはしかし、心身ともに妊娠出産で疲れていたし、将来のこと彼のこと子どもの未来、悩むこと考えることは山積みだったため、ふさぎこむようになった。

ある日、まだ寝返りすら打てない赤ちゃんをやむなく家に置いて、リィの母は外出した。心を病んでいるとはいえ、リィは数時間なら面倒を見られるといった。赤ちゃんは大人しい子で、よく寝る。赤ちゃんはただ寝ているだけで、いい子といわれる。

ところが母の携帯に警察から電話が入り、あわてて帰宅してみると大変なことになっていた。赤ちゃんは首を絞められ、すでに死んでいた。

茫然自失で座り込むリィは、警官によると悲鳴を上げていたので近所の人がのぞきこみ、通報してきたそうだ。駆けつけたときは、リィはガムテープで両手をタンスに貼りつけられ、赤ちゃんは息絶えていたという。

リィの母が戻るまでに警官に語ったのは、見知らぬ若い男が金を出せと入り込んできて赤ちゃんを絞め殺し、タンスなど物色したが財布が見当たらずあきらめ、自分を激しく殴ってガムテープでタンスに張りつけてから逃げたという話だ。

いろいろと、矛盾や無理がありすぎた。取り調べるまでもなく、その場で警官にも母にも急いで会社から帰宅した父にも、娘リィの自作自演とわかった。

リィが赤ちゃんを絞めてから、自分で自分の手をタンスに貼りつけて悲鳴を上げて助けを呼んだのだ。もちろん、見知らぬ若い男など実在しない。

他人の侵入の痕跡はなく、近所周りでの目撃情報も皆無。ガムテープも自宅にあったものので、家族以外の指紋はテープからもタンスからも検出されなかった。リィは殴られた痕もなく、そんな強い縛めではないのにガムテープを自分で取ろうともしていなかった。未成年、未婚の母、心を病んでいる。そんな状態も考慮されたが、リィは警察で悲劇の母ではなく、殺人の容疑者として取り調べを受けた。

こういうとき、父親は知らん顔だ。そしてとがめられない。産んだ女ばかりが責められる。子どもは一人ではできないのに。

とりあえずリィは、産後間もないこともあったし事件のせいで心身ともに衰弱が激しく、家に帰された。ところが親の目を盗んで抜け出し、自転車に乗ったまま深夜の高速道路に入り込み、何台もの車に轢かれ撥ねられ、亡くなる。

何を思ったか、ハンドルには自分で自分の手をガムテープで貼りつけていたそうだ。これも他人の手ではなく、自分でやったとわかった。

事故死ではなく自殺なのは明白だったが、赤ちゃんの死とともにすべてがうやむやになってしまった。いや、例のタンスに「私はやってない、赤ちゃんは本当に可愛い」という走り書きのメモが、ガムテープで貼りつけてあった。

それからそのあたりでは、リィの幽霊が出ると噂になった。自転車に乗って向こうから走ってくるのだが、前のかごにタンスが乗っかっているという。

小さなかごにタンスがどーんと揺れもせず乗っかっているというのだが、かごにガムテープでタンスを留めてあるという目撃者もいる。

かごには赤ちゃんは乗せないんだな、赤ちゃんの死より自分も被害者だとタンスを強調したいんだな。そうして、赤ちゃんの父親に当たる男の元には現れないのだ。

という感想は、いっそうこの話を切ないものにするのか怖いものにするのか。残念ながら、とリィのためにはいうべきか。死後、リィは被疑者として書類送検された。

娘と孫の初盆には、果物やお菓子の供え物の他にも、中華圏ではよく行われている供養もしてやった。あちらの世で不自由しないよう、紙のお金や紙でできた服、靴、家財道具を燃やしてやるのだ。紙の自動車、紙のテレビなどもある。

時代とともに燃やすものは変わり、紙のスマホだの紙のパソコンだのも現れた。リィの親や兄姉は、思いつくありったけの家財道具を燃やしてやった。赤ちゃんのための紙の玩具やベビーカーもだ。

すべて勢いよく燃え上がり、リィと赤ちゃんのいる世界に運ばれていった……と家族は涙ぐんだが。燃え滓《かす》を見て凍り付いた。紙のタンスだけ焼け残っていたのだ。

それだけ拾いあげて寺に持っていき、改めて懇《ねんご》ろに供養してもらった上で焼いたら、ようやく紙のタンスは燃えて灰になった。

香港の揺れる女達

眞稟と小鬼は、同性愛者の出会い系サイトで知りあった。その呼び名はいわゆるハンドルネームだったが、恋人同士になってからも使い続けた。

傍からは女同士のカップルだったが、当人たちの意識は違っていた。眞稟は女を自認しているが、小鬼は自分を男寄りの中性だと公言している。

小柄でぽっちゃりした眞稟は四十になってもひらひらした服を着て舌ったらずなしゃべり方をし、感情的で短絡的、若々しいというより幼稚なところが多々あった。

やや年上の小鬼は長身のやせ形でベリーショート、もちろん化粧はしてないし、死んでもスカートははかない。だから知らない人からは、普通の男女のカップルに見られた。性格も眞稟と違って、小鬼は慎重で思慮深い方だった。

渋谷で親から受け継いだ輸入食品や雑貨を扱う店を経営する小鬼が、事実上の奥さんである眞稟をいろいろな意味で養っていた。小鬼はそこそこに商才もあった。眞稟は若いときから、仕事は何をしても続かなかった。

小鬼は生まれついての完全な同性愛者で、男と付き合ったことは一度もない。恋人は常に女性だった。眞稟は正確にはバイセクシャルで、しかも異性愛の方が強かった。

小鬼から熱烈に惚れられたとき、それまでつき合っていたフリーターの男と別れた。男は眞稟に暴力も振るったし風俗で稼げなどといったが、小鬼はそこそこいいマンションに住まわせてくれ、一円も入れなくても文句をいわず可愛がってくれるからだ。

小鬼は眞稟を強く愛していたが、眞稟はもっと条件のいい人が養ってくれるなら、男でも女でもいいから乗り換える気でいた。

そんな二人が、夏休みに香港旅行に出かけた。倦怠期というのだろうか、二人の間にはよくいえば落ち着いた雰囲気がかもし出されていたが、会話も少なくなって情熱的に毎晩求めあうなんてこともなくなり、ルームメイトみたいになっていた。

だから小鬼が、眞稟を旅に連れ出したのだ。異国で気分も変わり、リフレッシュやらリセットやらもできるだろう、と。

歩くのが嫌い、大の偏食家、そんな眞稟はあまり気乗りしない様子だったが、ふらりと入ったなんでもない普通の食堂の飲茶もさすがの味わいで、オシャレとカワイイが詰め込まれた街並みには、大はしゃぎだった。

小鬼は奮発して、イギリス統治時代に建てられたクラシックな高級ホテルを予約していた。海を見渡せる豪奢な部屋で非日常の空間を楽しみ、久しぶりに二人は情熱的に愛しあった。そして眞稟が先に寝入り、眞稟を腕枕しながら小鬼もうとうとしていた。

ふと目がさめたとき、腕の中では眞稟が熟睡していた。眞稟の頭越しに窓とベランダが見えるのだが、誰かいる。小鬼は息が止まりかけた。ここは七階だ。

幽霊、物の怪とは思わなかった。軽々と七階の窓に来られるなんてすごい泥棒だ、と恐れた。そんな奴に、襲われたらかなわない。

身じろぎもできず見つめていたら、カーテン越しに見える影はユラユラくねくねと奇妙な動きを始めた。あ、女だとわかった。

踊るようなその動きは、次第に激しく大きくなっていった。なのに、まったく音はしない。まるで女は、水の中で揺らめいているようだ。

怖さに、頭の芯がしびれた。なのに小鬼は、眞稟を起こせなかった。眞稟は興奮しやすいし、子どもっぽい。二人でキャーキャー騒いだらパニックに陥り、もっと怖いことになると予感した。眞稟が落ち着いて、冷静に対処なんかできるわけがない。

小鬼も、窓の外の踊り狂う女を今起きている現実だと認めることこそが怖かった。

夢だ、これは夢。小鬼はベッドに丸まり、必死に目をつぶって外の女が消えてくれるのを祈った。そうこうするうちに、情事と旅の疲れで本当に寝いってしまった。

次に目覚めたのは、まさにパニック状態の眞稟によってだった。眞稟は震え、泣き、しがみつき、過呼吸を起こしかけていた。

「ま、窓の向こうに、おっ、女が。女がいるーっ」

あっ、眞稟も見てしまった。女はこの世のものでないとしても、今そこにいる。

しかし小鬼は窓の方を見ず、必死に冷静さを保った。

「眞稟は疲れてる。寝ぼけたんだ」

眞稟を強く抱きしめてなだめているうちに、どうにか眞稟も落ち着いてきた。そしていつしか、二人して寝いっていた。

夜が明けた。明るさの中で目覚めた小鬼が思いきって窓の方を見ると、誰もいなかった。

そっとベッドを抜け出し、備え付けのポットでコーヒーをいれた。

そうこうするうちに、眞稟も起きた。無言でテーブルの向かい側に来たので、コーヒーをいれてやった。眞稟は昨夜のことを忘れておらず、ユラユラくねくね踊る女を見たとつぶやいた。現実感は薄れ、そんなに怖くはなくなっていた。

「やっぱり、なんか見たのは確かだね」

小鬼がそういっても、眞稟は不機嫌そうに無言でうなずいただけだった。

一階に降りて朝食を取り、部屋に戻ってから小鬼が持参したパソコンで検索した。

かなり昔、このホテルで焼身自殺した外国の女がいたことがわかった。

それとは別に、もっと最近になって現地の人気ダンサーが泊まったとき、連れの男に殺されていたのもわかった。

「あれは、焼身自殺した外国の女の霊よ」

眞稟は、パソコンをのぞきこみながらいった。

「あのユラユラくねくねは、火に巻かれて苦悶する死の間際の様子だったの」

小鬼は少し迷ったけれど、こういった。

「私は、現地のダンサーだったと思う。あのユラユラくねくねは苦しがって暴れていたのではなく、生前に得意だった踊りを見せてくれたんだよ」

「えー、違うよ。踊りなら下手すぎる」

男女であろうが同性同士であろうが、考えが違っても仲よくなれる。考えが違うからこそ、うまくいくこともある。眞稟は元々、自分と違う意見は受け入れない女だった。

その朝、小鬼は別れを予感した。いや、決意した。やっぱり決定的に何かが合わないってのをあの幽霊に教えられたと、帰国後に周りの人に語った。

優しい小鬼は、眞稟にいきなり出ていけなどとはいえなかった。

店で寝泊まりしたり、買い付けに行くと一人で旅行に出たり、あまり眞稟と一緒にいないようにした。すぐ次の恋人を作るような真似は、小鬼にはできなかった。

眞稟は、小遣いさえもらえればいいようだった。

そうしているうちに、眞稟から出ていった。どうも、男の恋人ができたらしい。ネットで会ったかリアルで会ったかはわからないが、彼氏と暮らします、というラインが来たと思ったら、直後にブロックされた。

共通の知り合いから、眞稟らしき女が熟女ホテトルやっているよと聞かされた。なんか顔は痩せたというよりやつれているのに、体は不健康にむくんでいたとも。

小鬼は、もうしばらくの間は独りでいいやと苦笑した。

道端でシマ模様の猫を拾い、飼うことにした。賢い顔をして何やらいつも物思う風情なので、先生なんて名前を付けた。

猫の先生とまったり過ごすのが楽しいと心底から思える休日、小鬼は真夜中にテレビを見ていて金縛りに遭った。レースのカーテン越しに、何者かがベランダにいた。

ここは五階だ。確かに女の影で、それはあの香港のホテルのベランダにいた女のように、ユラユラくねくね動いていた。先生が激しく毛を逆立て、うなった。

けれど、香港の幽霊と違うと直感した。香港の幽霊は細長かった。今ベランダにいるのは、小柄でぽっちゃりしている。眞稟だ。

とはいえ、火に巻かれて苦悶する様子にも見えず、ダンサーとして踊っているようにも見えなかった。なんなんだろう、あのユラユラくねくねは。

ふっと、眞稟の影は消え失せた。金縛りも解けた。先生も落ち着き、そして人の声で、いや、眞稟の声でしゃべった。

「さよなら、小鬼」

数日後、眞稟が男に捨てられて首つり自殺をしていたのを知った。あのユラユラくねくねは、首をつって苦悶する眞稟だったのか。

もう一度、あの香港のホテルに一人で泊まりに行こうかなと考えた。きっとベランダに、ユラユラくねくねする女が現れる。

それは異国の旅行者でも現地のダンサーでもなく、眞稟だ。幽霊でもいいから、小鬼はまた眞稟に会いたかった。眞稟の幽霊は、優しく手招きしたらまたベッドに入ってきてくれるだろうか。

平山夢明

ひらやま　ゆめあき

平山夢明（ひらやま・ゆめあき）

神奈川県生まれ。1994年『異常快楽殺人』でデビュー。2010年『DINER』で第28回日本冒険小説協会大賞、2011年、第13回大藪春彦賞を受賞。怪談実話集としての著書に『「超」怖い話』シリーズ、『東京伝説』シリーズ、『怖い人』シリーズ、『怖い話』シリーズ、『顳顬草紙』シリーズ、FKBシリーズ、『怪談遺産』などがある。

蠅

「まあ、怖いと云えば俺らにとっては怖い話なんだけど……」

モトムさんは酒場の隅で首を竦《すく》めるようにしながら呟いた。

彼は昔（といってもそんなに昔ではない頃だが）、厭な仕事をしていた。どんな仕事ですかというと具体的には何も教えてくれない。

「まあ、あんたが考えるような厭な仕事だよ」とだけ云う。

初めて逢ったときには一見して『怖い人』だとわかった。耳元から顎《あご》の先に深い縫い傷があった。後にそれは病院で縫ったものではないと教えてくれた。

モトムさんが若い頃、ある事務所《カイシャ》に詰めていた時の話である。

客の多い事務所で朝から晩まで兵隊のように働かされた。指示を間違ったり、遅れたりすれば容赦なく鉄拳が飛んできた。それが男の修行だということだった。

住み込みで師匠につく弟子のように掃除洗濯は勿論のこと、犬の散歩から言いつけられることはすべて完璧にこなさなければ拳骨が雨あられと降った。

そんななか、カジさんという人がいた。カジさんは滅多に口を利かなかった。

「社員《シャイン》ってわけじゃないんだよ。ただ時折、用事があるとオヤジが呼ぶんだ」

ある日、打ち合わせを終えたカジさんが帰るので靴を揃えに玄関に出た。するとカジさんのぴかぴかの靴の端に〈蠅〉がとまっていた。手で払おうとすると靴の中に入ってしまった。カジさんの足音はもう背中に迫っていた。ぐずぐずしていれば鉄拳だ。でも黙っていても履いてしまえば蠅のことなど気づかないかもしれない……。

逡巡しながらもモトムさんは腹を決めた。

〈蠅がお靴に入りました。払いますので……お待ちください〉と手を付いた。

目の前にカジさんの足があった――蹴られる。そう覚悟したが足は動かなかった。

代わりに〈へえ。蠅かい。そりゃ大変だ〉と声がした。

モトムさんは一礼し、靴のなかを調べた。その間にどこへと逃げたのであろう、蠅は消えていた。中身を確認し、モトムさんは〈蠅は逃げました。お騒がせしました〉と云った。

カジさんはモトムさんの白のジャージの肩を叩くと靴を履いた。

冷や汗が脇の下を滑った。

目の前に長く二つに折った万札が突き出された。

〈ありがとよ〉

カジさんはそう云った。

「それからカジさんは顔を出すたんびに、オレにチップをくれるようになってな」

それだけではなかった——滅多に口を利かない彼がモトムさんにはひと言ふた言、話すようになった。

ある日、奥の座敷に茶を運ぶとカジさんが「すわんな」と云った。恐縮したが目は〈座れ〉と命令していた。モトムさんは傍《かた》え座りをし、待った。

カジさんは黙っていた。と、モトムさんの耳に羽音が聞こえた。見ると二、三匹の蝿が室内に紛れ込んでいた。〈失礼します〉とモトムさんは蝿を追い払おうとした。

「でも、ダメなんだ。どういうわけか蝿の奴、見事にこっちの手を躱《かわ》しやがるし、部屋から出て行こうともしないんだ」

暫くするとカジさんの〈もういいよ。座れ〉という声が響いた。

モトムさんが座り直すとカジさんが真正面から睨んでいた。

〈一昨日《おととい》、ふたり鳴かせたんだ〉

カジさんはぽつりとそう呟いた。

「鳴かすってのは、あのことだよ」

モトムさんは何と答えて良いのかわからず黙っていた。

蠅がわんっと羽音を強めたような気がした。

〈この蠅は怒った奴らの生まれ代わりだよ〉

カジさんはそうも云って黙った。やがて社長《シャチョウ》がやって来、モトムさんは退室した。


それからもカジさんはやって来たが、モトムさんにチップを渡すだけでこの前のようなことは起きなかったという。

半年ほど経ったとき、先輩からヤバい話を聞いた。

カジさんが敵《かたき》に事務所の仕事の情報を流しているというのである。事実、事務所との付き合いをやめたり、突然、姿をくらます借り主が増えているという噂が立っていた。そのうち幹部のひとりが行方不明になった。社長たちは毎日のように会議を開き、時には怒号がモトムさんたち若手の控えている廊下まで響くこともあった。

〈下手をすれば戦争だ〉と眉を顰《ひそ》める先輩もいた。

ひとりで街に出ることは禁止され、携帯なども没収された。

「一触即発とはあのことだったよなあ……ほんとにヤバかったんだ」

モトムさんは姿を見せなくなったカジさんのことが心配だった。

「ひと月もその状態が続くと。俺はもうとっくにあの人は咲かされちまったもんだと思ってたんだ」

ところがカジさんはある日の晩、ひょっこりと姿を現した。

「その晩は社長が出張《でば》っていて、事務所には俺と先輩のふたりきりだったんだ」

カジさんは〈待たせてくれ〉とだけ云うと事務室のソファに座り込んだ。

先輩がすぐさま社長に連絡をした。

社長と幹部が連れ立って戻ってきたのは深夜を回ってからだった。

事務室でカジさんと社長、幹部の長い話し合いが続いていた。

茶を換えに行くモトムさんの耳にカジさんの低い話し声が届いた。

「カジさんは、すべては誤解なんだと説明していた。が、証拠がなかった」

大勢はカジさんに不利だった。たったひとりで身の潔白を証明しに来たという点を買うことはできたが、それですらすべてを保証するものではなかった。

と、その時、会長が他の幹部を引き連れ乗り込んできた。直に話を聞いて判断するというものだった。カジさんは会長に説明を始めた。

「偶然、俺もそこに居たんだ。カジさんは必死になって話をしていたよ。勿論《もちろん》、会長だってカジさんの一挙手一投足からすべてを睨みつけ、言葉になってない〈実《じつ》〉を摘み取ろうとしていた。命がけの遣り取りだった」

するとカジさんの話に会長が頷くのが、僅かずつ増えていった。心なしか目も穏やかな光に変わってきていた。元々カジさんは会長の馴染みの人間のひとりだった。

「俺は、これは巧くいったなと確信したんだよ。滅多に気を緩めないお人だったしな」

その雰囲気は部屋全体に広がっていた。カジさんは身の証を立てたんだとモトムさんが思った瞬間だった。

蠅の羽音がした。

見ると天井の付近に蠅が集っているのか、羽音がやかましい。

不躾《ぶしつけ》にジロジロすれば拳骨が来る。蠅はシャンデリア式の照明の陰に隠れていてハッキリとは見えないが音だけは確かだった。

〈よう、カジ。おめえが本当に真っ新《さら》だってえなら。俺と目相撲《がんずもう》しな。これ以上、ご託を並べても仕方がねえ。先に目を反らせなかったら俺はおまえを信じるよ〉

会長がそう云った。虚を突かれたカジさんも〈勿論です〉と応えた。

ふたりは目を合わせた。部屋に居る誰もがぴくとも動かなかった。

五分ほど経過した時、天井の羽音が一瞬、喧《かまびす》しくなった。

ふっと会長の広い額に蠅が留まったのである。

モトムさんは息を呑んだ。

それは深い皺《しわ》の隙間を這うようにし、やがて前足を擦りだした。

カジさんの顔がみるみるうちに硬直し、汗が噴き出した。

前足を擦り終えた蠅は会長の額をそろりそろりと額から眉、眉から鼻梁、鼻梁から顎先、そしてまた頬へと這い回る。

〈よし!〉笑顔になった会長がそう云い終わらないうち、カジさんの張り手が額にいた蠅を勢いよく打っていた。

〈しまった!〉

そうひと声発したのはカジさんだった。

〈会長！　すみません！〉

カジさんが土下座をした。

が、万座のなかで額を殴られた会長は一瞬で死人のような顔になって立ち上がった。

そして無言で社長に顎をしゃくると出て行った。モトムさんたち下っ端は部屋の外に出された。事務室に戻る直前、短い悲鳴が聞こえたという。


「どうして蠅を叩いたりしたんですかね」

そう問うと、モトムさんはにやりとした。

「そんなものいなかったんだ」

「え」

「あの時、蠅が見えていたのは俺とカジさんだけだったんだよ。他の先輩に聞いてもそんなものはどこにもいなかったって」

「でも確かに見えたんですよね」

「俺にはな。もしかすると、それがカジさんが可愛がってくれた理由だったのかもしんないんだよ」

カジさんはそれ以来、姿を見せなかった。
モトムさんも二度ほど刑務所《ダイガク》に行った後、事務所《カイシャ》を辞めた。

ねこばば

いままでに電車の飛び込みを五、六回見た。そのうちの二度は、私が立っている脇を抜けて線路に飛び込んでいった。人というのは暢気《のんき》なもので、自分が黄色い線の際に立っているのに、ふいと線路に下りる人を横目で見ても〈あれ？　財布か何か落としたのかな〉程度に思ってしまう。しかしその直後、状況のあまりの不可解さに〈え？〉と我に返った途端、快速電車が勢いよく通過する……などということになるのである。

不思議と運転席の正面ガラスに衝突するような派手なものは見たことがない。車体の下に巻き込まれてしまうのが大半であった。

ヒナミさんが人身事故を間近で目撃したのは二十代半ばの頃だったという。

それも単に目撃したというのではなかった。

「その日、地下鉄でバイトの面接に行くはずだったんです。真夏だったんですが、部屋のクーラーの調子が悪かったせいか、体調を崩してしまっていて普段ならそんなことはしないんですけれどホームのベンチに暫く座っていたんですね」

　自分の乗る電車が来たのだが、どうしても気分が悪くて乗ることができなかった。無理すれば吐いてしまいそうだったのだという。

「滅多にそんなことはないので自分でもちょっと驚いてたんですけれど、取り敢えず座って少し前屈みになっていると楽になるのでそのままでいたんです」

　その時、〈あの……〉と声がした。

　顔を上げるとふたつ隣に、四十歳前後の男性が座って彼女を見ていた。

　面倒臭いなと思ったのは男の視線が必要以上にべったりと、こちらにのっかってくるような感じのものだったからだとヒナミさんは云った。

「なんか覗き込むような、探るような……」

　それって痴漢みたいな？　と訊ねると困ったような顔で彼女は、

「まあ、そうですね。——近いかもしれません」

　と付け足した。

しかし、男はそれ以上は何も云わず、かといって駅員を呼ぼうともせず、ただ彼女をジッと見ているだけだった。

電車がまた出て行った。

「そのとき、フッと思い出したんです。この人、さっきから居るなって」

ホームに着いたヒナミさんがベンチを探して腰掛けたとき、既に男はいたのだった。

つまり、男は彼女以上に電車をやり過ごしていた。

それに気づいた彼女は、改めて男を見返した。

男は頷き、彼女との間の座席に財布を置いた。他に座っている客はいなかった。

電車がやってくるアナウンスが流れ、男が立ち上がった。

ヒナミさんは「あ、忘れ物……」と財布を手にして声をかけた。

が、男は彼女に向かって微笑《ほほえ》んだだけだった。

ホームに電車が突入した瞬間、男は橋の欄干から飛び降りるような感じでジャンプした。

近くに立っていたサラリーマン風の若い男が腰を抜かしたように尻餅をついたのを憶えていた。

無意識にヒナミさんは駅の構内から出てしまっていたという。

「きっと、あの車輪が激しく軋んだ音を立てた空間から逃げ出したかったんですね……」

ふと気づくと駅裏の児童公園のベンチにいた。そして男の財布を握り締めていたことに気づいたのだという。

「あっと思って落としちゃいました。なんか気持ち悪くて」

が、落ちた財布から紙幣が覗いていた。数えると一万円札が四枚入っていた。

突然、バイトを解雇され、次の仕事を探していた彼女には大金だった。

「それとメモがあったんです」

レシートの裏に、殴り書きされた十個の数字と文字があった。

〈おかね、やげます。でんわたのみます。かえれないと言え〉

「たぶん私が俯《うつむ》いている間に急いで書いたんだと思います」

ヒナミさんは暫くメモを見つめていた。

「でも、なんだか気持ちが悪くて……」

彼女は今更、駅員に届けに行く気にもなれず、かといって交番に届けるのも厭だった。

既に面接の時間には間に合いそうもない。じりじりと焦げるような日差しにヘトヘトだった。

部屋に帰って寝てしまいたかった。バイトはまた探そう……。

「結局、その財布は公園と隣家を隔てているブロック塀の上に置いたままにしてきちゃいました」

翌日、ヒナミさんはその公園を訪れた。財布は中身もそのまま塀の上に残されていた。別に目立たない場所ではないはずなのに誰も取らなかったのだ。そして次の日も財布は残されたままになっていた。

「四日、放置されていたんです」

その夜、ヒナミさんは友人と食事をした帰り道、気になって見に寄った公園にまだあった財布から、半分を盗んでしまった。そして次の日には入っていたお金をすべて抜くと、暗くなるのを待って交番の近くに置いてきた。

「泥棒したんです」

ヒナミさんはそう云った。

ネットで調べると男性は即死したとあった。都内近郊に住む四十代の独身だということはわかった。

それから彼女は交番に向かった。財布が拾われていることを確認したかったのである。

「でも財布はそのままでした。最初に置いたところになかったのでホッとしたんですけれど……」

置いた場所から目と鼻の先にある植え込みの縁に載せてあったのだという。

目の前の交番には机に座った警官が書類に書き込みをしていた。

ヒナミさんは何もせずにその場を離れた。

その夜、シャワーから出てドライヤーを使っていると目の前に白いものが落ちてきた。

見ると皺クチャなレシートだった。十個の番号が並んでいた。

ヒナミさんは短い悲鳴をあげた。正しくそれは男のメモだった。

「でも、どうしてそんなものが部屋にあるのかわからなかったんです」

彼女はメモの端をそっと摘まむとマンションの窓から捨てた。

夜風がひらひらと紙片を運んでいった。

途端、部屋の照明が消えた。ブレーカーが落ちただけだと自分に言い聞かせるまで驚いて腰が抜けてしまったという。

「その頃、四つ目の面接でようやくバイトが決まったんですね。少し遠かったんですけれど、乗り換えしなくていいのとシフトが自分に合っていたんで良かったんです」

新しい職場に慣れるのに忙殺され、いつしか財布のことも男のことも忘れかけた頃のことだった。家に帰って来て集合ポストを開けると紙が落ちた。ボロボロの変色した紙片だった。十個の数字と『おかね、やげます……』と文字が飛び込んできた。

彼女は悲鳴を押さえながら外に飛び出し、植込みの後ろにメモを投げ捨てた。

翌日、バイト先で歓迎会があった。終電間際の電車に乗り込んだ彼女は偶然、空いた席に座り混むとすぐにウトウトしてしまった。

夢のなかで彼女はあの日のベンチに座っていた。あの男が睨んでいた。そして彼女との間を詰めるように移動すると手を掴んできた。

〈やめてください〉思わずそう叫びかけたところで目が覚めた。夢の名残りがあった。右手がぐいっと強く掴まれていたのである。痴漢だと反射的に感じた彼女は大きく手を振り払おうとして呆然とした。

隣には誰もいなかったのである。

そしてその夜。なんとか家に戻ったヒナミさんは、気分を変えようと湯船に湯を張って浸かっていた。脱衣場の棚に置いてあったスマホが振動している。メールでなく電話がこんな時間に来るなんてと慌てて風呂を出てスマホを手にして固まった。

表示を見て吐きそうになった――レシートに書かれた番号であった。

オフにしても震動は止まらない。耐えられなくなったヒナミさんはバスタオルで包んで廊下に投げ出した。その途端、リビングで狂ったような男の笑い声がし、同時に駆け回る音がした。ヒナミさんは気を失った。

翌日、ヒナミさんはバイトを休んだ。そして公衆電話を探すと男が〈でんわたのみます〉と書いた番号に電話をした。

昨夜の履歴はなぜか残ってはいなかったが、彼女はすでに番号を覚えてしまっていた。

数度の呼び出しの後〈……はい〉と、か細い女性の声がした。

「でも掛けはしたけれど何て云って良いかわからなくて……」

黙っていたら、急に相手が『死んだからね！　あんたのおかげで死んだんだから！』と叫びだした。

あまりの言葉に絶句していると更に相手は『人ん家《ち》の犬を預かっておきながら勝手に死ぬなんて最低野郎だね、あんた！』

相手は怒鳴り散らした。切ってしまおうかと思ったがヒナミさんは相手が落ち着くのを待った。

「あの……あたし……」

ヒナミさんの声を聞くと相手の態度が変化した。『え？　え？』と明らかに戸惑っている。

「その人は自殺した男の人のお姉さんだったらしくて……」

男が死んでから度々、着信があるのだという。

「お姉さんが出ると無言で……」

最初は驚き怯えたお姉さんも、やがて腹が立って怒鳴るようになったのだという。

弟の携帯電話は、今はもう契約も切ってしまっているのに、

「それなのにかかってくるらしくて」

番号表示はもう存在しない男の番号なのだという。そしてまさに、ヒナミさんからの番号もそうだったのだという。

少し落ち着いたお姉さんに、ヒナミさんは電話をかけることになった理由をすべて話した。それを聞いていたお姉さんも、なにか納得したかのように話し始めた。

「お姉さんは躯が悪くて、あの日は長年可愛がっている自分の犬を弟に預けて病院に出かけたそうなんです。検査入院だったそうで」

ところが男は犬を預かった後、外出して帰らぬ人になった。クーラーが止められていた

締め切った部屋で、お姉さんがようやく事の次第を知って駆けつけたときには、老犬は暑さのために死んでいた。

お姉さんはそこまで話ををすると、

『自業自得だと思うけど。気をつけな。あいつは病的にしつこいよ』

そう云うと乱暴に電話を切った。


その二日後、ヒナミさんがバイトへの出勤で乗り込んだ車内が珍しく混んでいた。

目的の駅が近づいた時、ヒナミさんは腰の辺りに違和感を憶えた。

何者かが触っているのである。

睨んでやろうと躯の向きを変えようとするが、それもままならないほど車内は混んでいた。が、何人かの顔は見えた。彼女に注目する者はおらず、誰もが知らんぷりをしている。そのうちギュッと痛みを覚えるほど太股の前部が掴まれた。指の感触までがハッキリしていた。ヒナミさんは思わずそれを掴んだ。すると相手も握手をするように掴み返してきた。

その反応に驚いたが、離すまいと力を込めて手を引いた。その途端、ヒナミさんの掌に妙な感触が走った。

ズタズタの指が自分の指に絡みついている。裂けた皮膚の隙間から白い骨が覗いているのがハッキリと見えた。その手は彼女の気を引くかのように二度三度と引きなおす。

彼女は悲鳴をあげた。

ただならぬ声に周囲の人間は身を引いた。既にその手は消えていた。

到着したホームのベンチにへたりこんだ彼女の脇を降客が過ぎる。

そのなかからひと言――こんなもんじゃないんだ。と声がした。

顔を上げると周囲には彼女しかいなかった。


数日後の深夜、ヒナミさんは妙な気配で目が覚めた。

「それまで変な夢を見ていたんです」

汚い食堂のキッチンで、糠味噌《ぬかみそ》のようなものを掻き混ぜさせられていた。壁の向こうから漏れてくるアナウンスやベルの音で、すぐそばに電車のホームがあることはわかった。人のざわめきも聞こえていたが、誰の姿も見えない。

「でもとにかく一生懸命にやらないと〈叱られる〉っていう気配がすごくて」

懸命に掻き混ぜていた。その時、大きな悲鳴と電車のブレーキの音が轟《とどろ》いた。

「地響きみたいに床が揺れたんです」

それでパッと目覚めたのだという。

手に濡れたような感触があった。が、動かない。自分の手の先に眼をやると――

男が添い寝していた。

否、正確には彼女の手首に寄り添うようにいた。しかも、頭にがっぽりと大きな穴が開いている。顔はついているが張りぼてのように厚さが感じられなかった。

『ぐっぐっぐっぐっぐっぐっ』

男は笑うとも呻《うめ》くとも定かではない声を上げて、彼女の手首から先を持つと〈頭の穴〉に呑み込み、その中身を触らせていた。

夢の中で掻き混ぜていたものの感触が、本当はなんだったのか知ったヒナミさんは悲鳴を上げ、そこからの記憶はない。

ヒナミさんは様々な霊能力者に相談もし、神社、寺にも参ったが依然として男は現れるという。そして気が付くと彼女に触れ、頭の中身を触らせようとする。

「もう疲れちゃったんです……」

彼女はそう云うと駅のベンチで溜息を吐いた。

男のお姉さんにはもう一度だけ電話をしてみたという。ヒナミさんが何も言わないのに、『もういっぱいなのでやめてください』とひたすら泣きながら謝っていたという。

けんぱ

イタミさんが小学校の頃、同級生にソースケという子がいた。

古いお寺の子だったが、いたずらっ子で僧侶である父親から度々、叱られていた。

「本堂のお供え物を盗み食いするのは当たり前で、墓石に落書きしたり、卒塔婆《そとば》でチャンバラをやったりで、とにかく大変な悪ガキだったんだね」

イタミさんが住んでいたのは東北の小さな町で、小学校も分校と見紛うほど小体なものだった。が、町人はみな仲良く暮らしていた。だからこそソースケの悪童っぷりは町中に響き渡っていた。

「それでも、無闇に友達をいじめるということはなかったんですよね」

ところがソースケの態度か変わった。

「東京から転校生が来たんです」

ユキコという女の子だった。

「色白の大人しい子でね。この辺りではちょっと見かけない洒落《しゃれ》た服を着ていて、雰囲気も上品でしたよ」

ユキコは当然ながら学校での注目の的となった。なかでも一番、影響を受けたのがソースケだった。

「それまでは単なる悪戯ボウズだったのが……」

ユキコを前にするとわざと邪険にしたり、他愛もない意地悪をするようになった。

「土地の子だと、いじわるされるとそれなりに怒ったり、仕返ししたりっていう妙なコミュニケーションみたいなのがあって、それはそれで絆ができたような気がして意地悪するほうも落ち着くんだけど」

ユキコは物静かで目立った反応を見せなかった。

それが故に、物足りないのかソースケの意地悪は虐めへとエスカレートした。

「物を隠すところから始まって、みなの前で莫迦にしたり、それに筆箱のなかに虫を入れたりと、とにかく思いつく限りはしたんじゃないでしょうかね」

ところが、ユキコのほうも簡単に泣いたり、先生に告げ口したりはしなかった。ただ黙って耐えているようにイタミさんには見えたという。

「ところがそれがソースケからすると無視されてるというか、莫迦にされているというように映ったんでしょう」

ある日、ユキコが学校の外廊下で同じクラスの女友達とケンパをしているところへ、ソースケはやってくると別の輪っかを描きだした。

「それで、こっちでやれと命じたんです。ところがその輪っかがえらく下手クソでね。とにかくよく見えないんですよ。ユキコはそっちじゃ遊びづらいから厭だと云ったんですね」

ソースケは手にした白チョークでくっきりとした線になるよう何度も輪を撫で擦った。

やがて、いびつな輪の繋がりがセメントの外廊下の上にできあがったという。

「飛んでみい」

ソースケが、けしかけるように女の子たちに命じた。

渋々、彼女たちはケンパを始めたが、楽しそうでない。

そのうちに焦れたソースケがユキコの手を取って、もっと楽しそうに飛べと云った。

ユキコが手を払った。それは驚くほどきっぱりとした拒否で、いままでの我慢が弾けた瞬間だとも云えた。

始めた。

「何を云うか！　田舎者だと思って莫迦にしてると承知せんぞ！」

ふたりの短いやり取りの後、ソースケがユキコの腕を無理矢理、掴むと一緒にケンパを
「厭だ。したくない」

「ほら、けんぱ、けんぱ……」

余程きつく掴まれていたのだろう〈痛いよ〉と、ユキコがソースケを突き飛ばすのと〈けん、けん、ぱ！〉という彼の声がほぼ同時だった。

その場に居たイタミさんにはズボッと音がしたように見えたという。

最後の輪に着いたソースケの躯が吸い込まれたのだという。

「躯の下半分を輪の中に呑み込まれたときのソースケの顔が忘れられないですね。両腕で輪の外に必死で掴まろうとしてました」

みなの前でソースケは最後の輪のなかに消えた。

ワッと声をあげて泣き出したのはユキコだった。

子供たちの話を聞いて学校中が大騒ぎになった。

職員と警察、それに親たちまでが参加してソースケ捜しが始まった。

が、一向にその姿は見つからなかった。

「勿論、大人たちは子供の話なんかハナから信じませんでしたね。なにかの見間違いか、それともソースケとグルになって嘘を吐いているんだろうと……」

まる一日が経ち、雨が降り出した。いよいよ捜索している人間の間にも深刻なムードが漂いだした頃、ソースケの実家である寺の墓所から歓声がした。

「ソースケが見つかったんです。奴は古い土饅頭《つちまんじゅう》の中に埋まってたんです」

彼を発見したのは父親だった。本堂で息子の無事を一心に祈っているとソースケの声がしたのだという。慌てて声を頼りに、寺に詰めている人に声を掛け、墓所を調べていくと土中から明らかに子供の声がした。果たしてそれがソースケであった。

誰もがなぜそんなところにソースケが埋まっていたのか理解できなかった、またソースケ自身にもまったく記憶がない。

ソースケが告白したのは、輪を描いたのはチョークではないということだった。

以前、死人の骨を使って意中の相手を振り向かせる法を漫画で読んでいたソースケは檀家の骨壺を開け、骨を盗み出すとチョーク代わりに円を描いたのである。

その告白を聞いた父親は激怒し、ソースケを酷く叱りつけた。が、周囲の者から既に充分な罰は受けただろうと諫《いさ》められ、それ以上の叱責はやめた。

事後、ソースケはすっかり性質《たち》が変わってしまったという。

「前はうるさいほどの子供だったのに子猫のように静かな人間になってしまったね。よっぽどショックだったんだろうと、みんな噂していたけど」

ユキコは翌年の春を前にして再び東京に戻っていった。

ソースケは大人になると父の跡は継がず、バイトをして金を貯めてはへんぴな外国を冒険するようになった。

「なんでそんなことばかりしているんだと聞くと」

穴に落ちた時、凄く綺麗な場所にいたんだとソースケは告白した。小さいときにはそれが何だったのか思い出せなかったけれど、あれはきっとどこかにあるんだと云った。

「助け出されたとき、ポケットに石の欠片が入っていたらしいんだ」

勿論、ソースケには憶えのない石だった。

父の知り合いに調べてもらったところ、それは隕石の一部ということだった。

「だからあいつは地球で隕石のたくさんある場所を探しているんだ」

イタミさんはそう呟いた。

居候飯

ヨシミズさんは若い頃、浮浪者に憧れていた。

「なんか、ああいう風に自由気儘に暮らせればいいなあって思ってたんだよね。まあ一種の若気の至りだね」

当時、バイトで食いつないでいた彼は電車がなくなるとホームレスの宿を探しては潜り込んでいた。

「なかには気むずかしい人もいるけど、たいていは珍しがって歓迎してくれるんだよね」

ある深夜、多摩川の河川敷をうろついていると良い匂いがしてきたという。

「見るとひとつのブルーシートの前で煮炊きしてる人がいたんだよね」

ヨシミズさんは声を掛けた。相手は痩せた老人でミネと名乗った。

「ミネさんは元板前だったらしくて出汁《だし》の取り方が巧いんだよね。で、俺もちょくちょく通うようになっちゃって」

小さい頃に父親を癌で亡くしていたヨシミズさんにとって話を聞いてくれる年配者というのは特別の意味があった。

「ああいう人たちは簡単に決めつけないからね。普通、あの歳でふらふらしている俺なんて、何か相談したり話をしても頭ごなしに叱りつけられるのが関の山なんだけど、ああいった人たちは、うんうんって話を聞いてくれる。それも嬉しいんだよ」

ヨシミズさんが行くとミネさんは嬉しそうにして鍋を作ってくれる。代わりに彼は酒を持ち込み、一緒に呑んだ。

ある日、テントから帰ろうとする彼にミネさんが『あと二週間ぐらいしたら旨いキノコ汁を作ってやる』と云ってくれた。あまり食べたことはなかったが、ミネさんがそういって作ってくれるのだ、不味いわけはない。ヨシミズさんは楽しみにしていた。

それから半月ほどが経ち、ヨシミズさんはテントを訪れた。

彼の顔を見たミネさんは嬉しそうに〈キノコは用意してある〉と云って鍋を始めた。

確かに、生まれて初めて食べる旨いキノコ汁だった。

「正直、キノコなんて味がよくわからないけどね。でも、すごく旨かったよ」

おいしいね、と告げるとミネさんは目を細めて何度も頷いたという。

それからは行くたびにキノコ鍋になった。

「さすがに三回目になるとちょっと飽きてきたから次は違うのにしてよ、なんて云ってたんだよね。そしたら……」

いつものように夜が明け、始発が動き出すのを見計らってヨシミズさんはテントを出た。

すると景色が突然、キラキラ輝いて見えたのだという。

「曇りなのにすごく鮮やかでね。驚いた。それに耳も凄くよく聞こえるんだよ」

なんだか高鷹《こうよう》した気分で電車に乗り込んだ。暖房の効いた座席の温かさにうとうとしていると隣に座った客がやけに躯をくっつけてくる。

「なんだこいつと思って押し返してやったんだ」

変な感じだった。なんというのか、手応えがまったくないのである。

目を開けてみると泥人形のようなものがいた。

「人じゃなかったんだ。なんか腐り果てた死骸のようなもの……」

奇妙なことに怖くはなかった。

「朝だというのもあったんだろうけど、きっとこれはキノコの幻覚だと思ったんだ」

驚きはしたが、夢の延長のようなものだと思うと、怖ろしくはなかった。

目を閉じ、うとうとして再び目を開けるとそれは消え、車内は通勤ラッシュ前らしく混み始めていた。

部屋に戻ると鏡のなかに、今度は別の妙なモノが映っていた。

「すげぇと思ったね。まるでマジックマッシュルームか何かをやったみたいだなって」

ミネさんは、どこかで幻覚作用のあるキノコを見つけて俺に喰わせてくれたんだと彼は思った。またこうした経験もホームレスと仲良くしていなければできないことだと、面白くも思ってもいた。

次に行くとミネさんが別の鍋を作ると云ったが、ヨシミズさんはキノコ鍋を頼んだ。飽きたんじゃないのか？　との問いに、全然、もっともっと食べたいよと答えた。

幻覚はまた続いた。

深夜、目を覚ますと数人の男が自分を覗き込んでいた。全員の顔が潰れ、目鼻もわからぬほどだった。

「臭うほど近くにいてね。ゾッとしたけど珍しい幻覚だと思って暫く眺めていたよ」

こうしたことはキノコ鍋を食べると二、三日続いたという。

やがて街を歩いていても、ふとした拍子に見かけるようになった。

「電車のホームとか、横断歩道の向こう側とか。それと一番多かったのは突然、屋上から声をかけてくる奴……はじめはなんて云っているのか、わからなかったけど」

やがて、全員が『自分は死んだ』と云っていることに気が付いたという。


ある時、ヨシミズさんはバイトで知り合った先輩にこの話をした。その人は長い間、バックパッカーとして外国を放浪した人で、ドラッグ経験も豊富だった。

「彼は頭っから否定したんだよね。そんなの幻覚じゃないっていうんだ。そんな莫迦なことはないでしょと云ったんだけど。そんな死体が見えるようなドラッグは聞いたことがないって」

お互いに口論のような形になった。そしてヨシミズさんは、

「じゃあ、今度食べさせますよ」

と断言してしまった。

その話をしたところ、ミネさんはあからさまに拒否反応を示し、もう来ないで欲しいと云った。

「なんか全然、こっちの話を聞かない感じでさ。取り付く島がないんだ」

叩き出されるといったほうが近いような形で追い出されてしまった。

先輩からも莫迦にされ、ミネさんからも絶交される形になったヨシミズさんは、どうにも気持ちが治まらなかった。

「きっとあの幻覚キノコを知られたくなかったんだなと思ったんだよ」

こうなったら自分でキノコを探そう、ヨシミズさんはそう決心した。

ミネさんがアルミ缶の回収に出かけるのを待って、テントの周辺を徹底的に探すことにした。ミネさんのテン場は川縁にあった。背の高い葦の茂みに固まれていて土手からも簡単には見つかりにくい場所だ。

そして一時間ほどうろつき回ってヨシミズさんは、やっとそれらしいキノコが群生している場所を発見した。

「ざまあみろ」そう云うとヨシミズさんは拾ったレジ袋にキノコを詰め始めた。

開墾された地面から直に生えていた。

すると「こら！」と鋭い恫喝《どうかつ》がした。

振り返ると手にナイフを持った老人が立っていた。

「おまえ、そんなところで何をしているんだ！　って物凄い剣幕で怒鳴《どな》られてね。手に武器があるもんだから、こっちはすっかり面食らっちまってさ」

ヨシミズさんは慌てて謝った。そしてキノコを鍋用に少し分けて欲しいと頼んだ。

それを聞いた相手は口をあんぐりと開いた。

「その人は目を丸くして。あんた、ここがなんだかわかってるのか？って云うんだよ。だから、俺はキノコの栽培をしているんでしょって答えたのさ」

それを聞くと老人は馬鹿者！　と再び怒鳴った。

「ここは墓だ！　その土饅頭のなかには人の死体が埋まっているんだ」

ヨシミズさんは腰が抜けるほど驚いた。

「無縁のホームレスたちが亡くなったら、ひっそりそこに埋めてるって云うんだよ」

老人は〈このキノコは、死出虫やらが菌を運んできた、ただのキノコだ〉と叫んだ。

ヨシミズさんは飛ぶように、その場を逃げ出した。

「俺が幻覚だと思ってたのは、墓を荒らされて怒ってた人たちだったのかもしんないんだよね。そう思ったら急にゾーッとして」

以来、ホームレス村を訪問するのは辞めた。

幻覚は半年ほど続いた。

ヨシミズさんはその度に、買ってきたお守りを握って経を唱えたという。

怪談五色 死相

2017年12月6日　初版第1刷発行

著者　平山夢明　我妻俊樹　岩井志麻子
小田イ輔　福澤徹三
デザイン　橋元浩明（sowhat.Inc.）
企画・編集　中西如（Studio DARA）
発行人　後藤明信
発行所　株式会社 竹書房
〒102-0072 東京都千代田区飯田橋2-7-3
電話03（3264）1576（代表）
電話03（3234）6208（編集）
http://www.takeshobo.co.jp
印刷所　中央精版印刷株式会社

定価はカバーに表示しています。
落丁・乱丁本の場合は竹書房までお問い合わせください。

ISBN978-4-8019-1282-3 C0176